愛新覺羅・玄燁

為千古一帝康熙卸妝的素顏傳記

廖彥博 著

好讀出版

目次

——緒論

重新解讀愛新覺羅・玄燁與康熙王朝

廖彥博

這本小書試圖要以可靠的史料為基礎，重新閱讀康熙王朝、再次審視康熙皇帝愛新覺羅・玄燁那波瀾壯闊、光榮與黑暗、成功與失敗交疊的一生。

提到康熙皇帝，這位清朝開國起第四位、入關後第二位君主，無論是在娛樂性質的影視作品，還是學術性質的故紙堆裡，愛新覺羅・玄燁都是以神聖英明的面目出現的。這也難怪，根據清朝史官們所告訴後世人們的，康熙皇帝八歲登基，十五歲就能運用智慧，獨自決策擒拿權臣鰲拜；二十歲判定吳三桂等南方三藩必反，毅然決然撤藩，經過戰爭取得勝利；三十歲時知人善任，和戰並用而收降台灣，取得全國統一；接下來更曾三次親征準噶爾蒙古，派兵擊敗沙俄，武功威震四邦；文治方面也粲然可觀：康熙以一介滿洲帝王，通儒術，崇理學，修《明史》，編字典；他本人更懂算學，精曆法，深研河防利弊，了解西洋科學。更重要的，是他以仁心施政，澤被萬民，作風務實節儉，下令永不加賦，奠定了大清一代文治武功的百年基礎。他是少年英主，盛年雄主，晚年的慈祥聖主，所以被尊稱爲聖祖仁皇帝。

這是我們熟悉的康熙皇帝，這是我們印象中的康熙王朝。可是這個清朝建構出來的康熙，卻掩蓋住了那歷史上眞正的玄燁，替他披上一層面紗。這層面紗，是一種誤解；這層誤解裡，有一種蓄意。

我認爲，康熙皇帝之所以偉大、之所以不凡，在於他並不如清代官方史書所建構起來的那樣神聖英明、那樣睿智傑出。

聽起來很矛盾，但是這正揭示了我們需要以自己的觀點，而不是清朝的觀點，重新閱讀康熙皇帝執政六十一年的來龍去脈，以自己的角度，了解康熙王朝，了解那個時代的人與事，領會他們的成功與挫折。

接下來的六個章節，是六個橫切面，以不同角度，重新切入、理解康熙王朝的六次嘗試。第一章，說清玄燁之所以能君臨天下的來龍去脈，還有「康熙」這個年號的來歷；第二章，點出在康熙「智擒鰲拜」的故事背後，所隱藏的謎團；第三章，「三藩之亂」眞的是不可避免的嗎？康熙和吳三桂，一個是弱冠青年，一個是百戰老將，兩人之間周旋對決，和天翻地覆的明亡清興八十年歷史，又有什麼糾葛？第四章，主要說的是康熙皇帝與五位閩南人之間發生的故事。這五個人來路不一，有的在海上稱雄，有人曾與清廷爲敵，也有人官場順遂得意，當中既有戰爭場面，又有兄弟情仇，更還有官場權謀。第五章，要從兩次南巡，都站在黃河大堤上的康熙做爲開場和收尾，在治河事務裡看康熙中期的官場鬥爭，權謀狡詐，以及玄燁本人高深莫測的帝王心術。第六章，走在聖明天子路上的康熙皇帝，一路順遂嗎？晚年的康熙造成了什麼禍端？留下了什麼遺憾？第七章，則是一場別開生面的辯論會，康熙臨終時傳位的謎團，能夠透過這場辯論，而被解開嗎？

康熙這個「千古聖君」的形象，是清代史官替他塗脂抹粉，還是他自己有意爲之？我們能從史料的縫隙裡，看見眞正的康熙嗎？

第一章 康熙王朝的來龍去脈

康熙這個年號，不是玄燁自己取的，是他的祖母孝莊太皇太后和大臣們商量後選出來的。「康」有安寧的意思，「熙」既代表興盛繁榮，又有明亮祥和的意思。康熙，就是希望這個皇帝統治底下的百姓們，安詳康樂，興旺繁榮，大家一起過好日子。

愛新覺羅．玄燁誕生

大清順治十一年（西元一六五四年）三月初八，在北京紫禁城的景仁宮，一聲嘹亮的嬰兒哭聲響起，當今順治皇帝的第三個兒子誕生了。他降臨這個世界的時候，大清才入關十年。十年前，歲次甲申，在那個混亂的年份裡，紫禁城的主人在一年之內，換了三次：先是，原來當皇帝的（崇禎）上吊自殺了；後來，原來是流寇的（李自成）打進來稱帝了；最後，原來在關外的（大清）便接著入關了。

賢明的讀者當然都知道：我們的主人翁誕生了，他以後可是要當偉大皇帝的。不過，現在說這些還太早，這個小男嬰對於這一切都還不清楚，他目前唯一的要務，就是要認眞吃奶，然後努力健康的活下去。

幾十年以後，這個小男嬰的兒子繼位當了皇上，叫手下的大臣，把這關於所有故事的開頭，描述得神乎其神：

有一天，男嬰的母親（孝康章皇后佟佳氏）來向婆婆請安，告辭的時候，她的婆婆（孝莊太后）看見這嬪妃裙擺搖搖，有龍在左右繞來繞去（衣裙若有龍繞），大感奇怪，一問之下，果然這位嬪妃懷了龍種。太后就對旁邊的人說：「以前我懷皇上的時候，龍也跑來我這裡繞，還發出紅色的光（有龍盤旋，赤光燦爛），後來果然生出聖明天子（順治），統一中國。今天這個嬪妃也發生同樣的吉祥事，改天，孩子生下來，一定很有福氣！（異日生子，必膺大福）」後來，到了嬪妃要生產的時候，滿宮室裡都是奇怪的香氣，幾個小時都不散去，還有五種顏色的彩光，跟日光一樣耀眼，照得整個室內光彩奪目（合宮異香，經時不散，又五色光氣，充溢庭户，與日並耀）。

這種又放什麼光，又噴什麼香的吉祥故事，已經不新鮮了。一千多年以前，有個混流氓的傢伙（劉邦），就說自己屁股上有七十二顆痣，還是赤帝的兒子，所以流氓很有資格當流氓皇帝。三百年以前，又有個小和尚兼乞丐文盲（朱元璋），說自己老媽晚上夢見神給她吃了顆藥丸，生產的時候紅光滿室，一連好幾晚，嚇得鄰居以爲失火了。既然這麼神奇，和尚當然也很有資格當皇帝。

男嬰的兒子，後來經過一場腥風血雨的皇室內鬥，好不容易才坐上皇帝寶座。而且，就算是登基當了皇帝，說他「得位不正」的馬路消息，也一直沒停過。所以我們有理由懷疑，他也想來個這麼一招，吹捧老爹是眞龍天子，既然老爸一出生就超級有皇帝命，我也不會差到哪裡去。至於男嬰自己，長大成人後，倒是坦白招認，自己出生的時候，平凡得很，根本沒有什麼「靈異事件」（朕之生也，並無靈異）。

可是，出生在帝王之家，眞的是好命嗎？是皇上的兒子，就表示天生有當皇帝的命嗎？

當然不是。出生在帝王之家，從某些層面來說，是一種不幸；而坐不坐得上那把龍椅，和你是不是皇帝的兒子，有時候也沒有關係。清朝皇子的童年，更加的沒有家庭溫暖，享受不到一絲一毫的父母親情。

清朝的皇子一生下來，做娘的只能看上一眼，就被宮女抱走。有的皇子還要抱出宮撫養，以免被傳染天花（出宮避痘）。幼年的皇子，身邊配有哺乳的奶娘若干、保母若干、針線宮女若干、伺候起居的宦官若干、以及教導皇子言行舉止的太監（滿洲話稱「諳達」）若干。這些個「若干」，從清初開始，每個時期、每個皇子，都各有不同，就不在這裡多囉嗦了。總而言之，在這些小皇子、小皇女的童年，對他們來說，「皇阿瑪」是每年過年朝會、皇上生日時，遠遠跪拜的模糊對象，「皇額娘」則是一年才能見一次，講客氣話的陌生人。

我們這位後來被命名爲玄燁的小男嬰，自然也不例外。在當時，紫禁城外的政治鬥爭蔓延到宮內，滿洲八旗互相設計謀害。祖居關外的滿洲人來到中原，特別容易罹患天花。這種疾病，在當時沒有預防針，無藥可治，如果轉爲重症，只能束手待斃。皇上的嬪妃分屬不同旗，謠傳有人攜帶罹患天花的病人衣物入宮，藉以除掉可能的對手。甚至連順治皇帝都感染了天花，最後一病不起。至於「順治出家」的謠傳故事，看來倒像是在遮掩背後這個偌大的政治陰謀。

現在來說說這個小男嬰的名字。「玄燁」是滿文翻過來的，滿語念法應該是「Hiowan Yei」，滿文裡，這是什麼意思，目前還沒有定論，不過中文裡的「玄」字，似乎有向當時的「玄學」致敬之意。這個「玄學」不是老莊之學，而是西洋傳教士傳進中國的歐洲學問。「玄燁」，似乎寓有希望玄學能在中原大地上發光茁壯的期許。

玄燁小朋友一出生，就在宮女、太監的陪伴照顧下長大，兩歲時「出宮避痘」，住到了宮外不遠一處宅院裡，與保母朝夕相伴。四歲多時，小朋友還是罹患了天花：全身長滿紅腫的小膿痘，發高燒、全身倦怠、關節痠痛，痛苦不堪；儘管有保母們的悉心照料，還是得靠自己的抵抗力來度過這一關。

病得奄奄一息的玄燁小朋友，終於靠著自己的免疫力，成功的戰勝天花（出痘）。看見他體力漸漸恢復，慢慢吃得下湯飯，又可以活蹦亂跳，在旁伺候的保母孫氏和宮女蘇麻喇姑比誰都還要高興。這孫氏是漢軍正白旗包衣（滿洲話的「家奴」）曹璽的妻子，被分派來照顧皇三子。她把玄燁從小男嬰拉拔長大，變成一個活潑聰明的小男孩，伺候起居無微不至，是小朋友童年最親近的保母。孫氏的兒子曹寅是玄燁小朋友的玩伴兼隨從，從小一起生活，玩耍翻滾，關係非比尋常。曹家和玄燁的故事，稍後會繼續上演，現在我們只要知道，曹家後來落魄，出了一位子孫，寫出《紅樓夢》這部巨著就好。

至於蘇麻喇姑，她是玄燁小朋友的祖母派來，原先她是孝莊皇太后博爾濟吉特氏身邊的陪嫁婢女，這時候是以皇太后特派員的身分，就近照顧小玄燁，順便督導各位宮女太監，保護年幼的皇子不受下人謀害。順便說一下，受到二月河小說《康熙大帝》的影響，很多人往往把蘇麻喇姑想成了潑辣俏麗的少女。站在忠於歷史的角度，我不得不在這裡沉痛的指出：早在順治末年，這位蒙古女士就已經不只是一位熟女了。

玄燁小朋友就在孫奶媽和熟宮女蘇麻喇姑等人的細心看護下，平安的長大。他的老爹順治皇帝，這時候滿腹心思則沒放在他身上。究竟，玄燁這位排行第三的皇子，爲什麼會繞過比他年長的兄弟，即位爲帝？爲什麼順治皇帝會看中年方八歲的玄燁？玄燁繼位，這是他本人的主意，還是皇太后與各旗旗主的決定？這中間的陰謀攻防，到底是滿洲八旗之間政治與情愛的糾葛，還是參雜了明亡清興八十年裡的動盪紛擾呢？

玄燁小朋友，你可以先退場休息了。因爲接下來，我們要先把時鐘往前撥，回到明朝萬曆年間的長白山麓，從你祖先崛起的故事開始說起。

那些年，我們一起搶奪的中原

很久很久以前，在長白山麓一帶，北起黑龍江、大興安嶺，南到遼河兩岸的遼闊平原上，都還是茂密的森林。在這裡，住著一群以狩獵、捕魚爲生的通古斯族人。他們和草原上的蒙古部落不一樣，不是在馬背上討生活，而是靠精湛的箭術，還有近身搏擊、團隊合作的本事，來設置陷阱、搜捕獵物。部落裡的男人在遇上糾紛、出動獵捕時，他們會臨時組成一個叫做「牛錄」的戰鬥單位，「牛錄」在滿洲話裡，是「箭」的意思。帶領「牛錄」的人，叫做「貝勒」。貝勒不是常設的職位，架打完了，或者貂抓到了，大家就一哄而散，貝勒爺當場恢復成小獵戶一名。

在明朝的時候，中原漢人稱這些部落爲女眞。女眞部落分成和漢人來往交易比較密切的「建州女眞」，和維持原始漁獵型態的「海西女眞」兩大族群。兩大女眞族群崇信自然神薩滿信仰，只有語言，沒有文字。當然，他們當中的大部分人，並不曉得幾百年以前，有個也叫做「女眞」的民族，從這裡一路往南打，建立大金王朝，打得中原的大宋土崩瓦解，躲到臨安（杭州）去當個偏安政權。

可是明朝官員對這個歷史典故，卻是熟悉到不行。所以他們對這群金朝後裔，非常戒懼小心，奉行「棒打出頭鳥」政策，鼓勵各部落內鬥。生怕哪天有一個共主起來，統一各部落，那就難以對付了。這些女眞部落，因爲需要中原的絲綢、鐵器，和明朝的來往愈來愈頻繁。萬曆皇帝時，鎭守遼東的明朝大將李成梁特別會搞這麼一套，他的辦法是扶植一個聽命於他的傀儡，封賞世襲爵位（都指揮使）。李成梁樂得看見各部首領，爲了這個虛爵彼此爭鬥、虛耗。

沒想到玩著玩著，過頭了。有個想當老大想昏頭的部落首領尼堪外蘭，企圖一舉清空所有的競爭對手。很多部落領袖都在這場陰謀裡喪生，包括了一個叫做愛新覺羅的家族，其首領和準備接班的兒子都被砍死。這樣一搞，就讓首領的孫子，也就是未來清朝的太祖皇帝，愛新覺羅・努爾哈赤，正式登上歷史舞台。

孫子努爾哈赤找上李總兵申訴：爲什麼殺了我爺爺、我老爹？李成梁對事情鬧大了也感覺實在不好意思，於是封了努爾哈赤一個官職虛銜。而身爲首領的孫子，努爾哈赤本身看來也不單純。據說，他小時候就混進李成梁府上當外勞，講得一口流利的漢話，看得懂當時最流行的小說——《三國演義》（小努當成是「大明王朝攻略祕本」認眞研究）。出於對愛新覺羅一家的愧疚，李成梁一路扶植努爾哈赤，讓他東打西搶，好不風光；爲了回報李總兵的暗中相挺，努爾哈赤也表現得很乖巧，李成梁吩咐要他打誰，他毫不囉嗦立刻出發，活像是李總兵的一隻乖貓。

萬曆四十三年（西元一六一五年），總鎭遼東的李老將軍往生了，小乖貓努爾哈赤馬上變成了大惡虎，隔年就建國號大金（又稱爲後金），自稱天命汗，宣告他對明朝有「七大恨」，正式起兵鬧事。沒幾年就打平女眞諸部。在這一連串的軍事行動裡，努爾哈赤把手下的狩獵團體組織起來，按照黃、白、紅、藍四種顏色，分成四旗，每旗七千五百人，交給兒子、姪子統率，稱爲「和碩貝勒」；隔幾年，四旗又各自擴大成正旗、鑲旗，這就是「八旗」的由來。

明朝最擔心的事情，現在終於發生了。萬曆四十七年（西元一六一九年），明朝湊集十四萬大軍，分兵三路，在薩爾滸（今天遼寧撫順附近）和後金軍隊會戰，準備消滅後金，結果事與願違，反而被努爾哈赤打得全軍覆沒。從此以後，努爾哈赤打明朝，每戰必勝，明朝在遼東的勢力，被他吃個精光，直到攻打寧遠（今天的遼寧興城），被守將袁崇煥以城頭上的紅衣大炮打退，才算吃了一次小敗仗。努爾哈赤老先生（當時六十七歲）據說被炮震傷，回去沒幾個月就駕崩了。

努老先生這一去不得了。原先按照後金的政治軍事設計，八旗旗主應該組成執政團共同行政，也就是日後的議政王大臣會議，大汗則由各旗貝勒輪流擔任。可是，努爾哈赤臨終時，來不及指定接班人就去了，偏偏他又多子多福氣，生了十六個兒子，尤其是前八個大的，加上老十四多爾袞，更是爭得不可開交。這是大清開國第一次的繼承人內鬥，裡面各種腥風血雨、兄弟之間無情無義的舉動，我們在這裡就不多說了。

總之，經過一番合縱連橫以後，努老先生的八子皇太極當上了大汗。皇太極雖然不像老爹努爾哈赤那樣，是個軍事天才，可是他的政治手段還有格局，比老爹來得更厲害。可後金本來是個作戰團體，從前抓到漢人，不是充當奴隸，就是一刀砍掉，乾淨又痛快。可是，當皇太極繼承老爹遺志，繼續往山海關打，幾次在寧遠—錦州防線，吃了明朝大炮的虧以後，他看出來，如果要征服中原，打敗明朝，一定要靠漢人的力量，用漢人軍隊來打敗漢人。於是他把在遼東地區投降後金的漢人、明軍編組起來，也分爲八旗，這就是漢軍八旗的由來。皇太極還採用明朝的若干行政制度，建立了後金的中央政府，他知道中原漢人對「金」這個國號觀感不好，所以把國號改成滿洲話裡和金同音的「清」。大清王朝正式登場！

亮出大清字號的皇太極一直在進行他消滅大明的偉大事業，雖然在山海關、寧遠、錦州這一路吃癟打了敗仗，但是山不轉路轉，他很快就想出替代方案：繞路！

從大清天聰三年（西元一六二九年，大明崇禎二年）起，皇太極或是御駕親征，或者是命將南侵，先後六次繞道蒙古、熱河等地，由大同、宣府攻進長城，直接威脅北京的西北面。第一次（一六二九年）入侵，就讓明末的「移動長城」袁崇煥被崇禎皇帝剝了兵權、丟到監獄裡。之後接連幾次，不但搜刮成千上萬的金銀珠寶，還俘獲幾十萬河北、山西、山東的漢人老百姓回去，當做奴隸，給滿洲人耕田生產。

崇德六年（即崇禎十四年，一六四一年）八月，皇太極流著鼻血，親自帶軍隊增援和明軍相持不下的多爾袞，在錦州附近的松山，打垮了明朝抗清最後的本錢，十三萬大軍。明軍總指揮官洪承疇被俘投降。雖然流著鼻血，頭有點暈，皇太極還是努力規劃隔年再一次的入塞搶掠。雖然流著鼻血，不太舒服，皇太極卻明白，明朝天下落入自己手裡，只是時間問題了。

只差最後一擊，滿洲鐵騎入主中原的日子，就要到了，我皇太極當上天下之主的日子，也要到了。皇太極用手絹擦拭著鼻血，這樣期待著。

大清崇德八年（一六四三年）八月初九晚間大約十點，有夢最美的皇太極，因為中風（鼻血流過多），在盛京（瀋陽）嚥下了最後一口氣，享年五十二歲。清朝的史官後來奉命給了他一個中國式的皇帝諡號：太宗文皇帝。

皇太極去得比老爹努爾哈赤更匆忙，本來各大親王貝勒正在厲兵秣馬，準備要再一次入塞劫掠中原，聽到大汗駕崩的消息，這些人手上動作不停，繼續把刀槍磨得鋒利雪亮，不過，刀口不是向著明朝而去，對的是自己人——第二輪皇位爭奪戰正式開打！

下一站，皇位？

當年，努爾哈赤老爹駕崩的時候，原本各旗貝勒議政的制度，被皇太極整碗端去，吃乾抹盡，有一個人默默的把這些看在了眼裡。

當年，他年紀還算小（十五歲），親眼見到同父異母的他八哥皇太極，是怎麼把一個個兄長，和他們背後的勢力剷除，或者壓制，怎麼樣成為後金說一不二、喊水會堅凍的新大汗。

當年，他眼睜睜的看著他八哥，爲了斷絕讓他繼承皇位的可能，是怎麼假傳先皇遺詔，逼迫他的生母、也就是老爹努爾哈赤最寵愛的大妃阿巴亥自盡殉葬。

後來，他看到這位對兄弟無情的大汗，對待敵人時展現出令人驚嘆的政治手腕，顯露寬廣的政治格局，施行更加殘忍的軍事謀略，攻城掠地，收降納叛。他沉默的留在兄長身旁。沉默是因爲佩服，佩服所以要學習更多。接下來這幾年，他漸漸成爲皇太極的得力助手。戰場上衝鋒陷陣有他，改革政府體制有他，軍國大事決策還是有他。

後來，就在皇兄病重，一口痰卡在氣管裡吐不出來的時候，這個人已經學全了老哥的本事。

此人，就是努爾哈赤第十四子、正白旗旗主，和碩睿親王多爾袞。

新興的大清政權，最爲關鍵的滿洲八旗，在皇太極龍馭上賓的時候，他原有的正黃、鑲黃兩旗，由長子豪格繼承。這個豪格從十多歲起，就是父親身邊的一員勇將，又兼轄正藍旗的旗主貝勒。他手下控制的三旗實力，要略優於多爾袞陣營的正白、鑲白兩旗。這時候的大清，還不講究什麼嫡長子繼承這種事情，誰手上握的實力夠，講話自然就大聲。看來，豪格有機會成爲清朝第一位長子繼承的天子。可是，豪格打起仗來雖然勇敢果決，但面對登極稱帝的大好機會，他的眼神裡，卻流露出一絲的害怕和遲疑。

後來事情的變化，就從豪格這一眼瞬間開始。多爾袞機敏的抓住了這一瞬間，聯合起鄭親王濟爾哈朗，一起逼退了豪格，五年之後，更找藉口把他逼死。

皇兄，你的本事，我已經都學會了，現在，皇位之路無人能夠阻擋我。下一站，就是皇位了。

不，等等，其實還有一個人

皇太極的莊妃（不是正宮皇后）博爾濟吉特氏，出身蒙古科爾沁部落，她個性沉穩，有政治眼光，敢於拼搏，可說是巾幗不讓鬚眉。莊妃看出多爾袞和濟爾哈朗的聯盟，其實非常脆弱。經過幾番非常驚險又曲折的談判，莊妃成功的說服了包括多爾袞在內的各方實力派，把自己六歲的兒子福臨推出來，放在皇帝寶座上。這就是滿清入關的第一個皇帝——順治。兩大實力派，多爾袞和濟爾哈朗，擔任攝政王大臣，莊妃博爾濟吉特氏，也光榮登上孝莊皇太后寶座。她的故事，後面還有得說。而我們的睿親王則硬是在皇位這一站，過站不停，繼續往前開去。

六歲的福臨在盛京即位，改元順治，許多天翻地覆的變化，都在這一年發生：山海關內的大明，還沒被關外的大清打垮，就先被內部的流寇逼上了絕路。大明平西伯、山海關守將吳三桂向大清討援兵，一起對付在北京過皇帝癮的李自成，攝政王多爾袞答應了，還順便也把行李收拾好，整個家都搬過去紫禁城。開關引清兵的吳三桂很快就歸順大清，幫著收拾流寇和南明，大流寇李自成很快就敗得稀里嘩啦，另一個大流寇張獻忠不久也垮得嘩啦稀里。大清入關，後腦留著辮子的滿洲人，已經在淮河以北站穩腳跟。這一切，當然都是睿親王多爾袞的功勞，順治每天的功課，是在紫禁城裡努力學寫中文方塊字。多爾袞雖然沒當上皇帝，卻完成了努爾哈赤、皇太極兩任大汗念茲在茲的夢想。

既然功勞這麼大，和皇位擦身而過的多爾袞，心裡面過一把皇帝癮的那個想頭，又癢起來了。他先擠垮了鄭親王濟爾哈朗，單獨攝政，實際上成了沒有皇帝名號的皇帝。部院大臣們都是睿親王提拔的人，爲了知恩圖報，他們踴躍的擔任馬屁精的角色。在文書奏摺裡，皇上對多爾袞的正式稱呼，從「叔父攝政王」，到「皇叔父攝政王」，最後成了「皇父攝政王」。若干搞不清楚狀況的漢人官員，見了「皇父攝政王」的浩大排場，還趕快趴下去三跪九叩。弄得多爾袞有點不好意思，諸臣工啊，我不是皇上，我只是皇上他乾爹啦！

「皇父攝政王」這個稱號，讓我想起一則故事：清乾隆時，兩個到省城裡趕考的生員在抬槓，某甲說孔子是至聖先師，文壇至尊，就連康熙爺、雍正爺，到了孔廟還得向先師叩頭，誰還能大過孔夫子？某乙咬牙想了老半天，突然大呼有了！不就叔梁紇（孔子他爹）嘛！孔子再大，見到他爹也就大不起來了！皇上再大，能大過皇上他爹嗎？雖然不是親爹，當個乾爹也能讓多爾袞過把乾癮。

順治七年（一六五〇年）十二月，過足了癮、威風不只八面的皇父攝政王多爾袞，在縱馬奔馳，率諸貝勒狩獵時，不愼從馬背上摔下來，不久後，他就去了。朝廷上下悲痛萬分，於是皇上頒發詔命，追謚他爲成宗「義」皇帝。

我可能不想當皇帝

多爾袞旗下的大臣悲痛老主子駕鶴西歸沒多久，就發現朝廷上下只剩他們在哭了。所謂朝廷上下悲痛萬分，好像不太精確，正確的說，朝廷之「上」，那個名義上的皇帝，好像對於攝政王之死，不但不怎麼難過，而且已經磨刀霍霍，躍躍欲試了。

事實上，這把刀不只是指向淚痕未乾的多爾袞諸黨羽，還指向了屍骨未寒的多爾袞本人。

距離多爾袞死才四十幾天，順治就開始進攻了。先是有大臣上書，說多爾袞在病中，曾對左右說「如果今天是我當皇帝，當今（順治）是皇儲，我哪裡會有什麼病！」皇上隨即龍顏大怒，宣布褫奪多爾袞的「成宗」謚號，以「謀逆」論罪，還把埋了的多爾袞刨出來，挫骨揚灰，就算是死了，這筆帳也要算！

這樣還不夠消氣，親政的順治馬上給所有多爾袞的黨羽，所有這些一個多月前正眼也不看他一下的部院大臣，一人一個親切的問候，這個問候歸納起來只有兩個字：滾蛋。

愛新覺羅・福臨，是個不幸的少年，登極八年，當了八年傀儡皇帝，如今竟然才第一次做一回自己的主人。皇帝大位是他媽叫去當的，頭兩任皇后是他媽硬塞給他的，皇叔父的話是他媽說要聽的（以上純屬事實，不是髒話），在他媽孝莊太后巨大的身影背後，年輕的皇帝完全沒有自己的影子。如今，老娘還健在，親政的皇上只好把積累多年的滿股怨氣，全都發洩在多爾袞的身上。

順治皇帝：作爲天下之主，他太感性纖細，凡事受制攝政王多爾袞與母親孝莊，作不了自己的主人。

他的性格從小就多愁善感，漢話說得不夠流利，漢人大臣講話他聽不太懂，中文常寫錯別字（所以，請各位千萬不要相信電視劇裡面，一位位風流倜儻又深情的「順治爺」們，能夠流利的說著漢語），多爾袞又故意不讓他接觸漢人大臣的奏摺，我相信，在每個惡補漢文、漢史的深夜裡，順治一定打心底發出一聲又一聲的嘆息。

如果可以選擇，我不想當這個皇帝。

把多爾袞從墳墓裡刨出來算帳以後，順治皇帝親政了又十年的時間。這十年裡面，他的天下並不是太亂，老實說，是非常亂：雖然該死的（也已經死了）多爾袞叔叔替他搞定了華北、四川，但是南方並不平靜。有多股南明抗清勢力，比如西南的永曆政權、東南的鄭成功勢力、浙江沿海的張煌言游擊隊，一直讓清軍吃癟打敗仗。順治十六年（一六五九年），鄭成功甚至率兵從福建沿海北上，和張煌言會師，進入長江，連破鎮江、瓜州，差點就打下南京，長江中下游大為震動，幾十個府縣投降鄭軍。

順治的後宮裡也同樣不安靜。他在位的時候，一共冊立了三位皇后，他和第一位（孝莊太后的親姪女）鬧翻，順治十年時把她給廢了；第二位（孝莊太后的姪孫女）和他沒什麼感情，順治十五年，皇上也想把她給廢了，不過被眾大臣和他娘大力反對，只好作罷。順治真正愛戀的，是內大臣鄂碩的女兒董鄂氏，在這件事情上，皇上拿出了罕見的魄力，不顧母后與眾滿州勛貴的反對，在順治十三年（一六五六年）的短短幾個月內，先冊為賢妃，再晉皇貴妃，連董鄂氏剛生下的皇四子，順治也打算立為太子。

沒想到，上天好像要跟情感特別豐富的順治開玩笑，他和董鄂氏所生的愛子，連名字都來不及取，就不幸在三個月大的時候夭折（提醒一下各位賢明的讀者，同一時間，剛好也是鄭成功北伐，聲勢最浩大的時候）；過沒多久，身心都遭受打擊的產婦董鄂氏，竟然也跟著一命嗚呼！順治難過得快瘋掉了，二話不說，當即追封董鄂氏爲皇后，接著哭天搶地，萬念俱灰。皇上傷心到了極點，甚至連退位出家的法號（行癡）都取好了，哪還有什麼心思批閱奏章，管天下大事？一生裡沒做幾回主的順治皇帝，就這樣抵抗力變差，染上了滿人最害怕的天花病毒，於順治十八年（一六六一年）正月初七，駕崩於養心殿，享年不過二十四歲。

如果可以選擇，這個皇帝，我眞的不願意當。

皇上在病得七死八活的時候，開始考慮他要是有三長兩短，皇位該由誰來繼承。一開始時，順治曾想過要讓他的兄弟來接位，可是，一貫不讓他做主的孝莊太后又跳出來反對。皇上派人徵詢欽天監日耳曼教士湯若望（Johann Adam Schall von Bell）的意見，老教士回奏說，請在諸皇子裡，找出過天花者來接位。皇上就想到了在諸子當中，唯一出過痘、能免疫的佟妃之子（就是玄燁，當時還不是叫這名字）。在他生命的最後一日（正月初六），口授遺詔，立玄燁爲皇太子。隔天，順治就魂歸離恨天，與董鄂氏雙宿雙飛去了。

慢著，順治朝的故事就這樣講完了？是不是漏了什麼？不是說，順治最愛的是江南名妓董小宛？不是說，他的帝位，是老娘孝莊出賣肉體，不惜以太后之尊，下嫁多爾袞才換來的？還有，順治爺不是到五台山出家爲僧了嗎？你看，韋小寶韋爵爺還代爲傳達老爹的叮嚀給康熙皇帝咧。更有人說，順治御駕親征鄭成功，是在廈門被國姓爺一炮轟死的！民國十七年（一九二八年），軍閥孫殿英帶著一師軍隊，公然盜發清室陵寢，卻沒人想挖順治陵，因爲，他們聽說墓室裡面安放的，是具空棺。

針對上面這些八卦，我只能說，全部都不是正史，也沒有史實根據。本書裡只講於史可考的材料，兼顧衛生與安全，請大家放心服用。這是對所謂「清初三大疑案」裡的「太后（孝莊）下嫁」與「順治出家」的答覆，因爲和主角玄燁關係不大，就到此告一段落。

年號康熙：希望大家平安又幸福

這裡順道說明，玄燁的出線，看似偶然，其實是必然。頭一個理由，當然是因爲順治他娘孝莊太后，非要從孫子裡挑一個繼位不可。其次，在順治諸皇子裡，也只有玄燁出過天花。最後，在活著的幾個皇子裡，小的還在牙牙學語，年紀比玄燁大的福全（時年九歲），人比較老實，又是個獨眼龍（當時以皇帝的觀瞻很重要爲理由，排除福全的繼承權），這樣看來，一切就清楚明白了。

現在，我們來說說「康熙」這個年號的由來。市面上講康熙皇帝、康熙王朝的書多了，可是，好像很少人提到，到底爲什麼，玄燁的年號要取做「康熙」？誰取的？背後代表什麼意思？

有一種說法，指「康熙」的由來，起源自老百姓日子過得不好，「吃米糠，喝稀粥」；或者是說，玄燁小朋友從小腸胃不好，吃米糠，喝稀飯，他當上皇帝，很順便的就把「糠稀」變成康熙了（……）。

事情最好有這麼簡單啊。

眞正的源起，其實說起來也不算複雜，康熙這個年號，不是玄燁自己取的，是他的祖母孝莊太皇太后和大臣們商量後選出來的。「康」有安寧的意思，「熙」既代表興盛繁榮，又有明亮祥和的意思。康熙，就是希望這個皇帝統治底下的百姓們，安詳康樂，興旺繁榮，大家一起過好日子。

「康熙」這個年號，有什麼歷史文化上的意義呢？如果我們回顧一下滿清入關的歷史，就會發現這個年號看起來更有深度、更有文化了一點。在玄燁小朋友之前的年號，比如他曾祖父努爾哈赤的「天命」（老天要我當皇帝）、爺爺皇太極的「天聰」（我是天生聰明，該當皇帝）、「崇德」（明朝崇信祥瑞「崇禎」，我崇尚德化，比明朝優）、老爹「順治」（順利平安的入關，成就統治），康熙這個年號，已經往漢化大大的跨前一大步了。至於，以後的年號，像是「乾隆」、「道光」意思則更複雜、更漢化，必須引經據典，而不能從字面上推敲意思了。

好了，既然年號定了，從此以後，我們就按習慣的稱呼，叫當上皇帝的愛新覺羅・玄燁小朋友為「康熙」吧。玄燁小朋友，休息夠久了，請你再次登場！

第二章

第一次當皇帝就上手！

從康熙四年皇上大婚，到康熙八年鰲拜被逮，處處有孝莊在其間運作的蛛絲馬跡：先是給索尼開外掛，索尼死後又盯上了不願意放棄權力的蘇克薩哈，等到鰲拜囂張到達忍受的極限時，讓年齡漸長的皇帝試試謀略身手，自己在後方護持壓陣。

顧命輔政四大臣

當八歲的康熙像個小大人般，第一次以皇帝身分，走到上書房御案前面的時候，他將看到有四位輔政大臣正跪在面前等著他。他們是索尼、蘇克薩哈、遏必隆、鰲拜。

這四個人能夠這樣在小皇上康熙的面前，其實本身就是清代政治史上的一次創舉。

在努爾哈赤老先生在世的時候，軍國大事由八旗旗主，也就是和碩貝勒共同掌理。在這些貝勒爺裡面，以「軍功勳貴」來決定地位高低，意思就是說，誰比較會打仗，抓的俘虜多，誰講話就能比較大聲。不過，各旗旗主都是努老先生的晚輩，不是兒子就是侄子輩，加上努老爹自己的威望，開會的時候咳嗽一聲全場安靜，所以他的地位最高，當然是無庸置疑的。

等到皇太極上台，雖然大汗有意在政治制度上，參酌明朝的體制，不過也只是「參酌」而已。滿族皇家親貴，還是居於政權的核心地位，皇太極給這套遊戲規則定下了名字，叫做「議政王大臣會議」。

順治皇帝親政，幹掉多爾袞的黨羽以後，雖然讓議政王大臣會議繼續存在，卻擺在旁邊當裝飾。福臨兒滿心想做一位明朝模式的皇帝，不但自己惡補中文，政治決策機制也整套照搬明朝，內閣啊翰林院啊通通成立起來，弄得皇室和滿洲親貴們非常不爽，成天嚷嚷

「皇上被漢化啦！不要我們啦！」不過皇上後來忙著和董鄂氏爆發驚天動地的愛情，暫時沒空接受申訴。

現在，順治皇帝龍馭上賓，當上祖母的孝莊太皇太后是蒙古人，不便親自站在台前，她決心和滿洲親貴們合作，讓政治的鐘擺又重新盪回滿人這裡來。他們以大行皇帝（剛過世的順治）的名義，製作出一份遺詔，在這份來自天堂的遺囑裡，順治痛罵自己「漸染漢俗」的十幾條罪過，最後，爲了表示懺悔，順治留下了來自天堂的訊息：請以四位滿人勛貴輔佐年幼的新皇帝吧。

或許你會問：怎麼不是由議政王大臣會議來執掌大政？相信賢明的讀者都不會忘記多爾袞從「叔父」變身成「皇父」的傳奇吧，孝莊太皇太后又不是頭殼壞去，怎麼會再來一次？

所以，就有了康熙元年四大顧命輔臣的上台。之所以挑選這四位大臣，有一個共同處：他們全部都得罪過多爾袞。

領頭的輔政大臣索尼，赫舍里氏，出身正黃旗，四人裡面他的年紀最大。索尼年輕的時候，就跟著努爾哈赤、皇太極打仗，算得上是一員大將，對旗主（皇太極）也是忠心耿耿。太宗駕崩時，多爾袞找他來講話，繞來繞去的試探索尼對繼位人選態度（召索尼議冊立）。索老兄板起臉說：「先帝生有兒子，繼位者必定要是皇子其中一位（先皇有子在，必立其一），其他的事情，我聽不懂你在講什麼（他非所知）。」多爾袞上台攝政以後，就把索老兄老遠的打發到瀋陽昭陵掃墓，還順便告訴他：你就一直掃下去，別回來了。沒想到，計畫趕不上變化，以爲自己會掃墓掃到進墳墓的索尼，竟然等到了多爾袞進墳墓的那一天，他被親政的順治召回京師，還升了他的官（議政大臣、總管內務府）。

排名第二的蘇克薩哈，納喇氏，出身多爾袞、多鐸兄弟統領的正白旗，這人也算得上是一員戰將，不過，多爾袞翹辮子以後，第一個反出正白旗，向皇上告發睿親王「謀逆」的大臣就是他！蘇克薩哈之所以受到孝莊、順治賞識的原因，當然也就在這裡。

排行第三的遏必隆，鈕祜祿氏，出身鑲黃旗，身世高貴，他的母親是順治的姑姑，和碩公主、大清創辦人努爾哈赤的女兒。順治五年時，他的姪子投靠多爾袞，告密說叔叔遏必隆不爽正白旗諸王已經很久了，遏必隆便被多爾袞剝奪官職與旗下所有人丁。多爾袞一死，遏必隆馬上跑去向順治申訴，當然官復原職，連同姪子手裡的人馬也一併搶過來。

最後吊車尾的，就是知名度最高的鑲黃旗人，瓜爾佳・鰲拜了。要說到戰功，此人絕對是四大輔臣裡，甚至是當時全滿洲人裡最厲害的。鰲拜是後金開國功臣費英東的姪子，他十幾歲開始就跟著努爾哈赤、皇太極打天下，清兵入關以後，鰲拜繼續打仗，在湖廣把李自成逼到絕路的是他，在四川把張獻忠亂棒打死的還是他。不過，這位滿洲第一巴圖魯（勇士），在太宗駕崩時站錯邊，跑去挺豪格當皇帝，惹毛了多爾袞，於是在順治五年時遏必隆吃瘪的那件事情裡，讓人告了一黑狀，被多爾袞判了死刑，弄得第一勇士把家裡財產都捐出來繳罰款（罰鍰自贖），這才逃過一劫。

選擇這四個人組成新的康熙輔政班底，然後繼續把議政親王們晾在旁邊，除了他們都得罪過多爾袞之外，背後展現的，是孝莊太后的政治盤算。

孝莊的布局

四大臣裡面，鰲拜和蘇克薩哈允文允武，仗打得好，行政能力也一把罩；遏必隆協調能力不錯，而索尼老歸老，但威望夠又壓得住陣腳——說他能壓得住，指的當然就是他能遏制鰲拜和蘇克薩哈這兩位亂搞。按照孝莊太皇太后的想法，即便這四個人放下彼此恩怨，串通在一起要對皇上有所不利，也還有議政諸王能夠幫忙制衡他們。

這眞是老謀深算的布局，算到了好幾種可能的發展，目的就是要確保康熙的江山能坐得穩當。有這樣的祖母在後面指揮若定，實在是康熙的福氣，尤其在後面對付鰲拜的時候，更看得出來。

輔政四大臣倒也滿努力工作，他們把順治模仿明朝設立的許多機構，比如惡名昭彰的「太監再臨」二・〇版「十三衙門」，以及內閣，還有言官御史的彈劾權，全部取消或者撤除。然後重新考核各地縣官，清理司法積弊。實際上，四輔臣的政策還是延續多爾袞執政時期的嚴厲作風，強力壓制江南一帶不穩的人心。比如發生在康熙二年的「明史案」，是清朝第一場文字獄，藉著一本私下寫的《明史》當藉口，順藤摸瓜，抓、抄、殺、流放了幾百位江南士子。隨後又在浙江、江南兩省對於欠稅的仕紳大戶大抓特抓，逮捕人數根據統計，超過了一萬三千人。

可是對孝莊太皇太后來說，這樣的好景不常。她老人家很快就看出問題：在這個聯合執政團裡，有人太過積極，有人卻不夠投入。

鰲拜和蘇克薩哈就不用說了，工作認眞，搶著抓權也絕不放鬆；有問題的是索尼和遏必隆兩位。遏必隆沒有主見，人云亦云，遇到鰲拜和蘇克薩哈吵架，他老兄這裡幫幫，那裡勸勸，反正就是兩邊討好。而本來應該是首席輔政的索尼，不知道是掃墓掃得太久，還是年紀大了修養太高，對鰲、蘇兩人跳上竄下，吵吵鬧鬧，時常保持沉默。

於是太皇太后就出手了。

康熙四年（一六六五年），孝莊太皇太后告訴年方十二的孫子康熙皇帝說：孫兒年紀已長，該成親了。皇帝恭順地說：全聽皇祖母安排。

那好，孝莊立刻就揭開了底牌：給康熙娶的是索尼的孫女，赫舍里氏；另外還冊遏必隆的女兒鈕祜祿氏爲貴妃。這招一出手，四位輔政大臣全都坐不住了。

索尼和遏必隆坐不住，是因爲皇恩浩蕩，感動得無以復加。和皇室當親家，這是多麼大的榮譽啊！兩人感激涕零，連忙入宮謝恩，當然也向孝莊指天畫地的保證，一定盡心盡力，效忠皇上。

蘇克薩哈和鰲拜坐不住，是因爲氣炸了！哪有我們被遺漏，讓索尼老頭和遏必隆得逞的道理！不過，孝莊太皇太后一生經歷過大風大浪，堪稱玩政治的高手高高手，哪是鰲拜和蘇克薩哈隨便恐嚇所能動搖了的？儘管鰲、蘇兩人頻頻進宮，軟硬兼施，什麼八字不合、門第不配、長跪不起，各種方法理由都用上了，太皇太后就是不爲所動。因爲，孝莊要的就是索尼能夠發揮牽制鰲、蘇兩人的力量。

鰲拜和蘇克薩哈各自怏怏地回去了，不過，他們也不算是太難過，因爲，根據各種情報顯示，雖然太皇太后成功的重新發動了索尼這輛老爺車，但是索老爺子身體狀況愈來愈差，眼看著就要不行了。

如果，索老爺子管不了事，而康熙皇上又只是個剛進青春期的少男（雖然已婚），朝廷以後要聽誰的呢？

圈來圈去圈成仇

康熙五年，領侍衛內大臣、首席輔政大臣索尼伯爵（當時還沒有封公爵）開始常請病假，無法上朝理政。索伯爵體弱多病，時常倒床無法辦公是眞的，不過背後還有更深的原因。史料上面說，索尼老先生因爲鰲拜和蘇克薩哈兩方陣營，完全無視他這位首席輔政還活著的事實，已經無比凶猛的咬成一團，心中非常憂慮（內忱），生理被心理影響，成了惡性循環，健康不惡化才怪。

在這一輪爭奪「誰才是下一位老大」的擂台賽裡，鰲拜和蘇克薩哈兩方都豁出去了。不過，鰲拜眼明手快，佔了先機。而他發起攻擊的事端，就是圈地案。這件事情在當時是政壇的超級大颱風，暴風半徑之大，從金庸先生的小說《鹿鼎記》都拿這事當內容，可以知道一點端倪。

話說大清入關之時，有大約十五萬的八旗將士跟著多爾袞，把家從關外搬進來。爲了安置這些人，順便獎賞他們打仗的辛苦，清廷決定讓這些旗人在河北、山東這些地方劃地屯田，一方面也能保衛京師，算是一舉兩得。剛好這個時候，因爲戰亂的緣故，「無主田地甚多」，旗人要圈選土地，看起來非常方便。

偉大的「鐵獅玉玲瓏」曾經啓示過我們，「代誌絕對不是憨人所想的那麼簡單」。雖然多爾袞和手下一班大臣並不是笨人，可是他們有私心，再好的良法美意，只要參了私心，一定會壞事。

最初朝廷的規劃，只是要將無主的荒蕪田地分給入關旗人，但是政策實行起來，卻完全不是這麼回事。多爾袞旗下的正白旗分到的是明朝皇室的莊園，就連旗下的奴才，對於「膏腴之地」（肥田）想怎麼圈，就怎麼圈。反觀其他各旗，分到的還眞的是無主荒地，盡是些年輕人口外流、土地貧瘠得鳥不拉屎的地方。

圈地的範圍，已經包括民家的住宅和田土財產。而且圈得隨心所願，今天上午我還在耕的地，你下午來看過覺得不錯，明天田地連同我家那幢瓦厝都變成你的，我的未來變成夢，只好逃荒去也。

圈地政策，因此堪稱是順治年間幾個評價最差的政策（稗政）之一。不但漢人老百姓叫苦連天，不屬多爾袞勢力的旗人也深感不平。感覺最差的，莫過於自認也是皇上嫡系的鑲黃旗，攝政王多爾袞分給他們的，都是些飛沙走石、三輩子難種出什麼的地，不要說是種地了，光是看就有氣。而且，這些地方本來是該配給正白旗，卻愣是被多爾袞使手段，栽給鑲黃旗。各位賢明的讀者當然也不會忘記，我們的鰲拜鰲中堂，就是鑲黃旗出身。

十幾年過去了，攝政王多爾袞死後被鞭屍清算了，順治皇帝情癡一生無怨尤的走了，鰲拜當上輔政大臣了，所以，翻盤的時候到了。康熙五年正月，太子太傅、領侍衛內大臣兼輔政大臣二等公鰲拜上奏：正白旗所圈田地，本屬於鑲黃旗，請求換地！輔臣裡面，蘇克薩哈反對，其它兩人沒有異議，此案以三比一通過，交戶部執行。

鰲拜是要替自己鑲黃旗出一口氣，遏必隆本來就很滑頭，加上他也是鑲黃旗人，自然贊成；索尼又老又病，沒出聲。鰲拜又取得了議政王大臣會議的支持，事情看來很有把握。

戶部滿尚書、大學士蘇納海（正白旗）出來反對。蘇大學士表示，正白、鑲黃兩旗所圈的土地已經有二十年了，滿漢民眾早就各自安居樂業，請某人不要沒事找事來找碴。

鰲拜暗中運作，派出貝子溫齊前去實地調查，溫齊回來報告：鑲黃旗所圈之地，非常荒蕪，該換，非常該換，請某人不要以自己出身正白旗，占了好地就橫加反對。於是，朝廷以康熙皇帝的名義下旨，責成戶部和河北、山東的地方官員，切實執行。

蘇納海攔不住，聽到消息的地方基層反應同樣也攔不住。事實上，不只是攔不住，恐慌的情緒簡直就像是潰堤的洪水四處奔流。老百姓擔心辛苦耕種的田地，又要被一群貪婪的旗人隨手一指，隨便奪走，因此幾乎是一群又一群、趕也趕不走的跪在保定巡撫王登聯（漢軍鑲紅旗）的面前，叩求朝廷收回成命。王大人不忍心，就向朝廷報告說，圈地換地不可行。

負責執行換地政策的直隸總督朱昌祚（漢軍鑲黃旗），實際在地方上看到的景象，更是怵目驚心：老百姓又開始逃荒，今天我耕的田地，明天將不復為我所有，與其悽慘的餓死，不如今朝有酒今朝醉，吃光了跑路！痛心疾首的朱大人也上表，請停止交換政策。蘇納海看到有這兩位大人的奏章幫襯壯膽，於是又上奏，請朝廷明確下令，懸崖勒馬，停止換地！

收到奏章的鰲拜，不是勒住懸崖邊的馬，而是奮勇的立刻跳下去。你們三人竟敢藐視「皇上」的命令，那就都去死吧（坐以藐視上命，並棄市）。

收到鰲拜處理意見的康熙，不是舉起手裡的朱筆批可，而是當即召集四輔臣會議。皇上詢問：蘇、朱、王三人之罪，到了砍頭的程度嗎？很明顯，康熙是不贊成鰲拜這樣硬幹的。

鰲拜對皇上回奏說，不向這三位借人頭，沒辦法顯示朝廷威信（請置重典），該殺！索尼和遏必隆不敢反駁（不能爭），蘇克薩哈是不說話（不對）。康熙說，既然眾臣工意見不同，那就再討論吧（上因不允）。鰲拜覺得，跟皇上你報告一下，是我有禮貌，你還眞以爲已經親政了是吧！於是，他直接以康熙的名義下令，立刻把三人砍了（卒矯命，悉棄市）。

青少年康熙的純潔心靈，遭受中老年流氓鰲拜的重創，他覺得鰲拜這次實在太過分了。不過，鰲拜看起來還有更過分的盤算：他想藉著這個機會，順便剁了蘇克薩哈。事情，看來大條了。

蘇中堂的悲慘下場

賢明的讀者會發現，雖然孝莊太皇太后靠著幫皇帝娶了赫舍里家的閨女，使老索尼的戰鬥力，再一次衝到滿格，可是，接下來的圈地換地風暴，索老爺子的表現並不好，不要說是力爭了，連頭都搖得很艱難。

有一種論點，認爲這個時候的索尼，相當的老謀深算，決心讓白目的鰲拜繼續猖狂一陣子，以便使他的支持度跌到谷底，然後讓他的孫女婿康熙皇帝順理成章收拾掉鰲拜，順便收拾聲望民心。

我不這麼看。索尼並不是挖好了坑，等著讓鰲拜跳進去，眞相是，索老爺子實在是身體不好，爭不過鰲拜了。如果老爺子還是當年那個敢跟多爾袞硬槓的索尼，相信鰲拜也不敢太過囂張。

不過躺在病床上的索尼，畢竟還記得孝莊挑選他當首席輔政的目的，還有他效忠太后的誓言，他哆嗦著手，在兒子索額圖的幫助下，在一份擬妥的奏摺上，簽下了自己的名字。索尼拼著老命，要完成他對太后所作的承諾。

康熙六年三月，由索尼領銜，遏必隆、蘇克薩哈、鰲拜聯名，上奏朝廷，請康熙親政。

奏章遞上去之後，康熙皇帝雖然沒有馬上答應（未即允），不過立刻傳旨褒獎索尼的忠心，賞給他一等公爵，還不准索尼辭謝。看起來，索尼上表請皇上親政，完全符合孝莊、康熙這對祖孫的心意，因爲雖然索尼來不及看見孫女婿皇圖永固（索尼在康熙親政前不到一個月病逝），在油盡燈枯以前，他作了非常漂亮的退場。索尼作球給康熙，於是在康熙六年七月，皇上正式親政。

索尼漂亮退場，另外三位輔政大臣的身影，就不是那麼瀟灑了，尤其是排行第二的蘇克薩哈。康熙親政後第七天，蘇克薩哈就遞上奏摺——是他的辭呈。啓奏皇上，臣蘇克薩哈才庸識淺，沒想到被先帝賞識，提拔爲輔政大臣，本來臣應該努力工作，報效朝廷，可是這一兩年來，不幸罹患重病（身嬰重疾），所以，是不是能請皇上，派我去給先帝爺守墓，讓我能苟延殘喘，保住性命（如線餘息，得以生全）？

沒多久，「康熙」的回答就下來了：爲什麼去守陵，就可以苟延殘喘？在朝廷辦事，爲什麼就活不下去了？這裡有誰逼迫你，讓你生不如死？皇上才剛剛親政，你就想要辭職，是不是不想歸政？給我老實明白回奏！

照理說，蘇克薩哈想急流勇退的念頭，不能說是錯的。皇上既然親政，他也就可以離開這個是非之地，順便拿自己的辭職來作對比，顯示鰲拜的不要臉。可是他沒有估計到，鰲中堂之所以在奏請皇帝親政的奏摺上簽名，是被索尼臨死時放出來的大絕招給逼的，你說他眞的就甘心這樣放手嗎？鰲拜想收拾你蘇中堂，不愁沒有理由（比如換地），偏偏你蘇克薩哈自己送上門！

事情急轉直下。七月十七日，蘇克薩哈被「皇上」發交議政王大臣會議討論罪名。經議政王領班、和碩康親王傑書和鰲拜商量後，結果如下：蘇克薩哈本人，犯有二十四項大罪，著革去所有官職，凌遲處死；蘇克薩哈之子、內大臣查克旦，凌遲；蘇克薩哈的子姪、孫子，不論年齡，皆斬立決；心腹黨羽如統領白爾赫圖等人，斬立決。

滅了蘇克薩哈全族的辦理意見簽上去以後，康熙覺得處罰得太重了，尤其不該株連無辜的子孫，因此猶豫不決，難以同意。鰲拜竟然每天登門拜訪，逼著康熙馬上批可（強奏累日），還挽起袖子往皇帝走去（攘臂上前），一副皇上你不答應就吃我一拳的流氓樣。

康熙沒辦法，就問鰲拜：凌遲要千刀萬剮，太重了，能不能輕一點，讓蘇克薩哈留個全屍？鰲拜同意稍作讓步，那好，就把蘇克薩哈絞死吧（處絞），其他的人，該怎麼辦，還怎麼辦。

康熙六年七月，圈地換地風暴到達了最高點：蘇克薩哈全家族滅。至此，索尼老死，蘇克薩哈被殺，遏必隆只會打哈哈，四大臣輔政體制宣告瓦解。

鰲拜的快樂時光

蘇克薩哈全家被定罪後的第四天，議政王大臣會議向康熙上奏，請加鰲拜一等公爵，並且授太師頭銜。原一等公、輔政大臣遏必隆，除原來的爵位外，再加一個一等公，由長子繼承。康熙全部同意。

鰲太師的快樂時光到來了。

輔政大臣裡，他原先還忌憚三分的索尼已死，一直和他作對的蘇克薩哈，被他滅了，遏必隆是個沒主見的軟蛋，議政王大臣凡事都要讓他三分，康熙皇帝雖然親政，可是他還是個青少年。朝廷的大小事情，我鰲拜如果不多操點心，那怎麼成呢？

於是他把各部院大臣，盡量都換上自己的人馬（這才指揮得動）。所有重大政務，都在自己家裡先商量妥當了，才帶往宮中（考慮交通問題），要康熙簽字畫押照辦。稍有人敢有不同意見，鰲拜就大聲斥罵，連在皇帝面前也敢耍流氓（施威震眾，高聲喝問）。他的手下，比如侍郎班布爾善、濟世等人，也跟著狐假虎威，囂張得不得了。還有一班馬屁精，比如阿南達、布達禮等人，竟然把鰲拜捧成「聖人」。

這段時間，鰲拜一定感覺很充實、很快樂。事實上，這段時光，就是因爲太過歡樂，所以很短暫。快樂的時光，總是特別短暫。

我們所熟悉的故事是這樣的：鰲中堂、鰲太師權勢薰天，康熙皇帝大權旁落，而鰲拜集團不但包山包海，還想要陰謀幹掉康熙。然而，康熙豈是池中物，一方面，他不動聲色，繼續扮演無知青少年，呼弄鰲拜；另方面，他暗中鍛鍊自己，培養班底，思考各種扳倒鰲拜的方法。

鰲拜雖然猖狂，卻不是笨人，他大約也從各種管道知道，這小皇帝不好呼弄，對他有了戒備之心。康熙七年冬天的某日，身體一向強健的鰲中堂突然告病，在府內臥床不起。這也就罷了，鰲太師派人告訴康熙，希望皇上能來我家探探病，保證讓我的身體恢復得快又好。

鰲拜用上這一招，可以作爲當時清朝漢化程度還不深的側面證明。在明朝時，皇帝親自來探大臣的病，那就表示大臣已經病入膏肓，不久人世，預備要上遺折了。皇帝來探過病的大臣，非死不可（不是臉書），沒有什麼康復痊癒活跳跳的選項。這項不成文傳統，在民國時期仍然存在。

好了，康熙皇帝車駕來到鰲拜太師府，直入臥榻之旁，皇上的貼身侍衛和托卻覺得病人鰲拜臉上的表情，不太對勁，說是擠眉弄眼，旁邊沒有人；說是臉抽筋，又不太像。說起來，大概可以想像成跑進廁所拉肚子，卻發現忘了帶衛生紙的窘表情。果斷的和托一個箭步上前，揭開鰲太師蓋著的錦被，赫然發現鰲拜的手上，攥著一把小刀！維安特勤和托先生當即大吼一聲：鰲拜，你要弒君嗎？氣氛頓時像結冰一樣凝結了。

按照官方版故事，英明天縱的康熙皇帝把手一揮，示意和托退下，笑著說道：鰲太師是我朝第一巴圖魯，隨身帶把刀是挺正常的事情，不必大驚小怪。然後，皇上踏著十分穩健的步伐，離開了太師府這個龍潭虎穴。事情當然不是這樣就結束了，鰲拜鴟張，已到了必須剷除的地步。康熙稟明皇祖母後，召來了一手提拔的新班底：領侍衛內大臣索額圖（索尼第三子）、刑部尚書納蘭明珠等人，定下了擒拿鰲拜的方略。

康熙八年五月十六日，皇上傳鰲拜入宮覲見。之前，鰲太師的親信手下，一個個委派要差，調離京師；之前，鰲中堂曾經透過宮裡的眼線得知，皇帝近來不怎麼讀書，也不怎麼理政，成天就是和一群少年玩摔角遊戲（布庫），他本人入宮稟奏事情時，也看過好幾次。小孩遊戲，何足爲懼！鰲拜嘴唇邊帶著一抹輕蔑的微笑，大步踏進了南齋殿裡，一群雙眼發紅的少年郎立刻吼叫著往他身上撲，十幾個人瞬間把鰲勇士壓制在地上。

鰲拜的歡樂時光，宣告結束。

搞定鰲拜的是誰？

前面這個「康熙廟謨獨運，智擒鰲拜」的故事，還沒說完，扮演圍毆角色的少年，其來源有好幾種說法。有說密選親王子弟逮捕的（清朝沒有培訓親王子弟的制度），有說御前侍衛拜唐阿單人擒獲的（拍武俠片嗎？），有說太監一湧而上者（清制不許太監習武），也有說是眾侍衛上前逮捕者（比較眞實可信）；當然，也有人堅持，打敗鰲拜靠的是韋小寶的武功，抓奶龍爪手（……）。

我記得，成龍曾經爲觀眾剖析過動作片裡以一打十的拍攝祕訣：表面上看起來是十幾個人打男主角一個，事實上每次和男主角動上手的，都只有一個人，其他人看似張牙舞爪，其實只是在旁邊跳來跳去繞圈而已。從反面來講，這就是告訴我們，以一打十還能獲勝的事情，你只能在武打片裡去找。所以，幾十個人圍毆一個人，就算是滿洲第一武士鰲拜，照樣也被綁得牢牢的。

好了，既然鰲中堂被綑成了鰲肉粽，康熙接下來要作的，就是剷除他的黨羽。

很令人驚訝的是，所謂八年輔政，爪牙黨羽，遍布朝中，所謂恩連義結，根深蒂固，竟然翦除的如此輕鬆，如此寫意，如此一乾二淨。五月二十八日，就是鰲中堂被綑成肉粽後十二日，領班議政王大臣康親王傑書（請賢明的讀者譴責這位西瓜靠大邊的人士）向康熙報告審理鰲拜的結果：鰲拜犯欺君擅權、引用奸黨、偏袒本（鑲黃）旗、擅殺大臣等一共三十項大罪，建議處理意見：革職立斬。鰲拜的家人，親子兄弟等立斬，妻女等爲奴，族人有官職者免職，「各鞭一百，披甲當差」。

順便倒台的，還有職業滑頭遏必隆先生。他的罪狀稍微少一點，共十二項，主要責怪他眼見「鰲拜惡跡」卻不行勸阻，分明是「藐視皇上」（康親王突然感到一陣心虛），應該立即處以絞刑。至於鰲拜黨羽，還活著的「均應革職立斬」，死掉的要「拋屍」，家產全部充公。被颱風尾巴掃到的，還有和碩敬謹親王蘭布，他不幸娶了鰲拜孫女作福晉，因此革去親王，降為鎮國公。

到了這個地步，前任太師、輔政大臣、滿洲第一勇士，現任階下囚的鰲拜先生，反倒鎮定了下來。他昂起了低垂已久的頭，平靜的表示，請讓我再見皇上一面吧。在親自前來探視的康熙面前，鰲拜對於所有加諸在身上的指控，不再辯駁，他只是脫下外衣，露出身上「為救皇帝的祖父（太宗）而留下的傷疤」（法國傳教士的記錄）。皇上，罪臣是生是死，就在你一念之間了。

康熙的決定很快。在同一天，也就是五月二十八日，他裁示以下三點：

一、鰲拜的犯罪動機與犯罪行為，全都屬實（情罪俱實），本來很該砍了他的腦袋、滅了他全家，可是，念在鰲拜為大清企業股份有限公司歷任董事長服務這麼多年的份上，從寬免死，改為永久軟禁。

二、遏必隆並沒有與鰲拜結黨亂政，他只是滑頭，所以免其重罪，只削去太師和後來賞的一等公爵位，作為懲罰。至於先前所賜的一等公爵，仍然保留，可以由子孫世襲。

三、鰲拜的黨羽，安插在部院大臣或者侍衛位置上的幾名大咖（比如班布爾善），全部砍掉；至於其他人，都是西瓜靠錯邊的小咖（係微末之人），免死，從寬發落。

清史學者劉家駒先生評論說，康熙這樣的處置，「周密、迅速，幾乎沒遇到任何阻力與反抗。」

以上，是「康熙智擒鰲拜」的官方版本，講完了。

我們現在要回過頭來問：究竟是誰把鰲拜這麼俐落的給搞定了？

從表面上看，這個問題的答案非常簡單：眾所周知，指揮擒拿鰲拜，迅速瓦解鰲拜黨羽的，當然是康熙本人，鰲拜使壞殺了很多好人，而最後康熙收拾了他，所以康熙不但是好人，還是個厲害的好人。這麼簡單，以致於好像我是在明知故問。

說康熙以十五歲沖齡，廟謨獨運，智擒鰲拜的，是清朝人，他們歌頌自己的聖祖仁皇帝（康熙謚號），有其需要也有其必要。可是，我們又不是大清子民，除非你也想來個步步驚心，回到清朝當格格（或貝勒），否則沒有必要被清朝人的評價牽著鼻子走。實際上，這場看似簡單收拾、明快結束的宮廷政變表面之下，有著深不可測的內幕。

首先我們回頭看蘇克薩哈被殺的案子。鰲拜的確是借勢藉端，找了個不怎樣的理由就砍了蘇克薩哈全家，康熙也確實是覺得鰲拜做得過火了，蘇克薩哈罪不致死。

可是，康熙從來就沒有說，蘇克薩哈沒有罪。

蘇克薩哈擔任輔政大臣，攬權囂張兼白目的情形，其實和鰲拜鰲中堂只是程度的差別而已。根據記載，蘇中堂輔政以後，氣燄也不小，忘記自己是靠著出賣旗主（多爾袞）才爬上這位置的不說，還不太瞧得起康熙小皇上。這口氣，康熙是可忍，孰不可忍！

在康熙看來，眞正無罪而且冤死的，是總督朱昌祚和巡撫王登聯，幾十年以後，邁入中年的康熙，偶爾回憶起來，還在爲他們兩人的冤情嘆息（冤抑殊甚）。不過，就蘇克薩哈這個案子來說，他只是認爲不該牽連太廣，殺掉無辜的家人子弟。從另一個角度來看，當時康親王傑書奉命去審問蘇克薩哈，最後擬具的幾項大的罪名，以「不願皇上親政」最爲嚴重，對於這項恐怖的指控，如果擺明是鰲拜挖坑陷害的，爲什麼陷入絕境的蘇克薩哈不拼死反撲？

答案是，雖然這個罪名是鰲拜擬出來的，可是，宮中的太皇太后是知道的，而且，不但知道，還認可。

這才是蘇案看來簡單的案情背後，絕不簡單的內情。鰲拜自以爲輕鬆寫意的收拾掉了常和他對嗆的蘇克薩哈，其實他是當了宮裡的棋子，一炮轟掉了蘇克薩哈這隻正白旗的拐子馬，然後弄得自己名聲跌落谷底而不自知。

再說回鰲拜的快速倒台。先問一個問題：鰲拜眞的想要奪權逼宮、幹掉康熙嗎？有一此資料，譬如二月河的小說《康熙大帝》第一卷，直接就以「奪宮」命名，還有些情節，說鰲拜想重演三國司馬家的故事，幹掉聰明的魏國小皇帝曹髦，另立一個傀儡。

以上說法，當小說來看很好看，當歷史來讀很中毒。說鰲拜攬權是有的，講他要奪宮是沒有的。證據非常簡單，康親王等人擬具的鰲拜的三十項大罪裡面，什麼都罵了，就是沒有「謀逆」二字。從反面講，如果鰲拜眞的有砍掉青少年康熙的圖謀，那麼他就不會只是被判決永久軟禁，而應該直接綁起來殺掉。幾十年以後，老年康熙和雍正也不會替他平反名譽了。

所以，該怎麼看待這件事情呢？因爲史料都是官方說法，眞相埋藏在非常幽微的細節處，我也只能說出我自己的判斷。

我的看法是，所謂爲了拔除鰲拜勢力，康熙皇帝暗地裡作了非常多的準備，最後「廟謨獨運」，設計拿下鰲拜，這些都是載明於史冊的，目的是要給後世的讀者一位少年英睿的天子形象，包括那場鰲拜藏刀的戲碼，也是爲了這個目的而存在的。在這整個過程裡，孝莊太皇太后的戲份看似很少，幾乎沒有出現，只有在康熙發動侍衛擒拿鰲拜前夕，稍微諮詢了祖母，取得她的支持而已。然而有時候，什麼都不作，比起檯面上作了些什麼，來得更有威力、更可怕。正是孝莊在上三旗（正黃、鑲黃、正白）之間所起到的威懾力量，使得各旗不敢輕舉妄動，使得鰲拜乖乖就範。換句話說，簡單俐落搞定鰲拜的人，表面上是康熙皇帝，實際上是孝莊太后。

前面說過，四大臣輔政，對清代政治制度來說是新鮮事。但是原先領班的索尼，先是老邁，之後病死，原本設計好的權力均衡被打亂，各旗之間的恩怨（圈地換地），已經阻礙了國家機器的運作和進行。而原本被用作制衡輔政四大臣機制的議政王大臣會議，已經由康親王爺傑書先生的優秀表現證明，不但毫無作用，還有西瓜靠大邊、水往低處流的嫌疑。

從康熙四年皇上大婚，到康熙八年鰲拜被逮，處處有孝莊在其間運作的蛛絲馬跡：先是給索尼開外掛，索尼死後又盯上了不願意放棄權力的蘇克薩哈，等到鰲拜囂張到達忍受的極限時，讓年齡漸長的皇帝試試謀略身手，自己在後方護持壓陣。整場風暴在當時看來挺大，等到颱風離境雲淡風輕，才發覺只是八旗內部一場政治矛盾而已（如果被殺的朱、王兩漢軍也算在旗人之內）。一直到鰲拜倒了台，康熙皇帝政務無縫接軌，局勢應該都還在孝莊盤算好的布局裡面。

至於她自己，則隱身於幕後，不留痕跡，把所有的功勞與榮耀，都歸功給康熙皇帝，讓史冊記下他的天縱英斷（憑十幾個小侍衛，就能一舉搞倒第一勇士），褒揚這個她摯愛而以畢生經驗、能量來全力守護的皇孫。

事情處置得如此順暢、漂亮又老辣，更能證明裡面存在著孝莊曾經運作的痕跡。四年以後，二十歲的康熙親自處理撤藩，結果沉不住氣，鬧出巨浪滔天的三藩之亂，對比一下，就很清楚了。

而我認爲，自搞倒了鰲拜之後，孝莊就正式放手給康熙，自己退居二線了，這是眞正的放手，需要的是大器的胸襟，還有恢宏的氣魄。從此以後，太皇太后不主動過問康熙的政務，即使她的看法與皇上不同，如果康熙不來徵詢她的看法，就絕不干涉。因爲這樣，康熙對她的敬愛與孝順，也是發自眞心。孝莊與本朝兩百年後的孝欽皇太后（也就是鼎鼎大名的慈禧）的差異，就從這裡開始。

孝莊太皇太后：她是皇太極的莊妃，與多爾袞周旋力保兒子帝位的母親，也是隱身幕後，支持康熙皇帝的祖母。

在祖母孝莊的守護下，成功扳倒鰲拜的康熙皇帝，輕鬆上手執掌國政，算是通過了滿洲八旗的第一關考驗。接下來，年方弱冠的康熙即將要面對的，是他人生，以及他統治的帝國，最大的一場風雨。

第三章 向前迎戰風雨

吳三桂起兵造反，聲勢浩大，康熙君臣明顯的沒有任何準備（因為之前都在忙著布置吳老爺的新家），可能是因為之前擒拿鰲拜太過順利，也可能是對自己的各項撤藩措施太有自信，又或者，是太過衝動，想要一次就搞定三藩，導致朝廷一時之間，毫無招架之力。

所以，要說康熙從一開始就成竹在胸、準備充足，實在是說不通的。相反的，正是由一開始的挫折連連，到後來卻能夠穩住陣腳、吸取教訓，很快從政治、軍事上迎向風雨、展開反攻，才是康熙反敗為勝的厲害之處。

馬背上摔下來的戶部員外郎

康熙十二年（一六七三年）十一月二十一日，京師。

兵部衙門大堂的戈什哈（警衛）和書辦們，準備迎接又一個一如往常颳北風的陰冷日子。結果他們失望了。今天，註定要非常之不尋常。

一陣喀啦喀啦、急促的馬蹄聲由遠而近，兩匹馬飛馳而來，從馬背上跳，不，摔下來兩個乞丐。戈什哈正要上前盤問的時候，這兩名衣衫襤褸的乞丐，搖搖晃晃站起身來，竟然拔腿直奔兵部大堂而去！

根據史料記載，兩位丐幫兄弟進入兵部衙門，首先找的不是人，是柱子。而且，一抱上柱子，一口氣憋住喘不過來（下馬喘急，抱柱不能言），就昏過去了。有點莫名其妙、搞不清狀況的兵部官員，從他們破爛的衣衫裡，拿出勘合（通行證），證實兩位丐幫兄弟的身分：戶部員外郎薩穆哈和兵部郎中党務禮。這兩位，不是被朝廷派往雲貴辦理平西王爺撤藩回遼東養老的幫辦幕僚嗎？怎麼會出現在這裡？又怎麼會衣衫破舊、面目沾塵到這個程度？

急於想知道究竟是怎麼回事的兵部官員，連忙叫人端來兩大碗水，掰開嘴巴，硬是給灌了進去，兩人慢慢甦醒了。十一天裡，穆薩哈、党務禮兩人快馬狂奔，從貴州一路往北，終於到了北京，他們要傳遞的訊息，就是下面扯開喉嚨，不停狂喊的這四個字：

「吳三桂反！吳三桂反！」

這四個字很快就寫入緊急通報文書，送進大內，擺在康熙皇帝和緊急前來議事的眾大臣眼前。受召前來的大臣們馬上就吵成一團。在鬧哄哄的爭論聲裡，二十歲的康熙皇帝皺著眉頭思索：吳三桂反了？怎麼會呢？爲什麼先前所作，一切預防、圍堵措施，全部都失去效用呢？接下來，該怎麼平亂？有平亂的把握嗎？

是的。賢明的讀者想必都清楚，吳三桂就是那位放清兵入關的仁兄，「三藩之亂」也是他鬧出來的。可是，儘管結果我們都清楚，關於三藩之亂的原因和經過，還是有很多問題要問：吳三桂是個怎麼樣的人？是康熙逼反吳三桂，還是他本來就處心積慮要造反，消滅康熙王朝呢？「三藩之亂」的根源是什麼？這場歷時八年、糜爛西南各省的戰爭，眞的是難以避免的嗎？

這些問題，背後和明亡清興的大變動有著很深的淵源。要回答這一連串的問題，我們又要倒轉時鐘，回到八十年前說起，當時是神宗萬曆皇帝末年，還是大明天下。所以，吳老爺子，先別激動，請坐請坐，您的戲分稍後才開始。

遼東軍人的崛起

上次我們倒轉時鐘，回到萬曆年間，講的是關外滿洲興起的故事，這一次時間相同，不過故事發生的地點，是在山海關以北、遼河兩岸的這片土地上。

話說朱元璋老先生創立大明的時候，實行的是所謂的「衛所兵」制。簡單來說，就是劃定若干戶口為軍戶，由這些戶口裡的壯丁出來當兵，遇有戰事，到指定地點報到，平常沒事就耕田。軍戶是世襲的，你爹只要是兵，你就不能去開泡沫紅茶店，非去當兵不可。

這個制度實行不到一百年，因為戶口管制的困難，以及其他種種問題，而難以貫徹，幾乎形同具文。例如，原本規定，每個衛裡應該有兵員五千六百人，到了後來，五千六百人依然存在——存在於公文裡。遇到蒙古人入侵，朝廷總不能調集這些幽靈戶口去打仗。於是，在明朝的四大國防邊境重鎮，也就是宣府、大同、薊州、遼東這四個地方，朝廷逐漸默許由邊防將領私自招募軍隊。在這四個重鎮裡，最後培養出了遼東鐵騎這一支晚明戰鬥力最強的職業騎兵軍團。

遼東鐵騎軍團是在前面出場過的李成梁李老將軍手上建立的。這支鐵騎部隊的人數並不多（經費的緣故），大約九千人左右。這個部隊像是明朝的特戰菁英，所有成員都嫻熟單兵（馬）作戰技巧和團體協同衝殺要領。他們配備的制式武器，是所謂的「三眼神銃」。這是一根外觀黑黝黝、由三根鐵管合鑄的大鐵棒，長約一百公分，棒頭處分為三叉，末端是槍孔，橫放可以連續發射火槍，而生鐵鑄造的槍管，豎握可以當作狼牙鐵棒。這樣一來，無論是中遠端射擊（發射火藥槍彈），或者是近距離劈砍（鐵棒伺候），都可以得心應手，殺傷力極為強大，堪稱是十六世紀世界武器發展史上的登峰造極之作、戰場上秒殺敵人的極品。至於，這麼優秀的武器，後來為什麼沒有持續使用與創新，以致於到了鴉片戰爭的時候，清兵竟然還拿著弓箭大刀對著人家英軍的滑膛槍加農炮三排陣衝鋒，我實在不知道原因。

知名的「萬曆三大征」（平定寧夏蒙古人叛變、到朝鮮抵抗豐臣秀吉入侵、在貴州戡平土司造反）裡，遼東騎兵就參加了前兩個，此外還有大大小小各種軍事衝突和戰鬥。這支部隊後來成為大學士孫承宗（關寧防線的設計師）、督師袁崇煥領導下的（山海）關寧（遠）防線的王牌武力，所以又稱「關寧鐵騎」，總數稍微擴張，約一萬人。在天啓、崇禎年間，這些人當中出了一批作戰勇猛的將領，被稱為遼東系軍人，分別為明、清兩邊效力，名氣比較大的，例如投降後金的尚可喜、孔有德、耿仲明等人，以及效力於明朝的左良玉、曹文詔、曹變蛟叔姪，和祖大壽、吳襄等。

祖大壽，遼東寧遠人，是「移動長城」袁崇煥麾下第一得力大將，關寧鐵騎的主要將領。吳襄，祖籍江蘇高郵，在祖大壽軍中任職，崇禎時官居遼東錦州總兵。祖大壽的妹妹嫁給吳襄爲妻，吳襄的兒子，祖大壽的外甥，就是我們鼎鼎大名的吳三桂。

吳三桂，一個簡單的人

在開始動筆寫吳三桂的時候，我心底一直縈繞著一個問題：吳三桂，他到底是一個怎樣的人？

從史料裡面他的所作所爲可以看得出來嗎？大概不行，歷史是勝利者書寫的紀錄，清朝的官修史書裡面，吳三桂的作爲，只能用幾個字來形容：腦殘的野心家、反覆的小人。

當然，也有種說法是，吳三桂是一個至情的漢子，爲了心愛的女人（陳圓圓），什麼都可以放下，即使功名利祿也不掛心。對待一起打拼的兄弟（部屬），他也是力挺到底，夠意思得很。

這兩種說法，單獨任一種，仔細想想好像都不是很精確，合起來看嘛，好像還是少了一點什麼。

後來我開始考慮一種比較，就是二十歲的康熙與六十多的吳老爺子的比較：這兩人的對決，和最後的結局。一位是身經百戰、聲名響動（狼藉？）天下的老將，對上一位剛剛親政、行事猶如深山密林般不可預測的年輕皇帝。我突然靈光一閃，然後，對於吳三桂這個人，我有了新的認識。

我覺得，吳三桂，其實是一個簡單的人，一個太過簡單的人。

從十幾歲開始，少年兄哥吳三桂就顯示出他實在的本性。當時他是老爹吳襄的總兵官特別助理，作爲私人武裝企業（職業軍人）第二代，上馬打仗砍人是每天必要必備的公務活動。有次，老爹吳襄率領五百士兵在錦州城外巡邏，運氣實在太差，竟然遇上大舉前來進犯的後金軍隊。五百人被萬把人包圍，在錦州城樓上遙望的眾人，包括守將兼大舅子祖大壽，無不搖頭嘆息，看來吳襄的追悼會是開定了。

沒有想到十幾歲的吳三桂，帶著十幾名家丁，二話不多說就開城門衝出去。結果：一番混戰之後，硬是把老爸毫髮無傷的給搶救回來。這次事件是他第一次展現了簡單思考的本性，結結實實的硬把老爸搶救回來，至於其他的因素？我認爲他可能沒有考慮太多。

明清松山決戰時，吳三桂已經是洪承疇轄下八大總兵之一（才二十來歲）。明軍主力在松山被清軍包圍，洪承疇召集高級將領開會，決定突圍，也講好了時間與路線，結果時間還沒到，吳總兵已經義無反顧的殺出去了，還從大路往杏山方向衝。結果：洪承疇等人突圍失敗，被堵在松山城裡，吳總兵又成爲少數成功脫出包圍圈的明軍之一。不遵令突圍，他可能一心只想脫離包圍圈，至於大局的勝敗？我認爲他可能沒有考慮太多。

幾年以後他打開了山海關，引多爾袞率領的清兵入關，造就了滿清兩百六十八年的江山，當時闖王已經打進北京，崇禎皇帝吊死在煤山，吳家全家老小三十四口，都在李自成的手裡，這包括被崇禎任命爲京師防衛總司令（提調京營）的老爹吳襄（可能還有陳圓圓）。李自成派人又是送銀子，又是封官，可是吳伯爵還是決定剃頭降清。這個決定看起來很複雜，其實背後的理由還是很簡單：他不相信李自成。

滿清入關，他受封當上了平西王，繼續追著李自成打，追得李闖王到處亂跑，幫著清兵從陝西河南湖南一路往南，最後打到了雲貴一帶。做事實在的吳三桂不肯敷衍了事，硬是進兵緬甸，逼迫緬王把南明最後的流亡皇帝，永曆朱由榔交出來，用弓弦絞死。我想，這個日後讓吳漢奸被咒罵幾百年的決定，背後的動機仍然很簡單實在：既然受人（滿清）之託，就要忠人之事。

所以，我覺得，康熙初年的吳三桂，對於賜封他王爵的清朝的態度，還是相當簡單明白的。吳王爺心底眞誠的期盼，是和康熙皇帝，或者說是康熙代表的朝廷，和睦相處下去，他世守著雲南與貴州，實在的享受朝廷給他的種種軍政、人事特權。實實在在的當他的平西王爺。

這些念頭，都很簡單，太過簡單了。

其實不想走

昆明五華宮裡，吳三桂想的很簡單；北京紫禁城中，康熙盤算的也不複雜。一言以蔽之，他想要撤藩，就是把雲貴的吳三桂、廣東的尚可喜、福建的耿精忠（耿仲明的孫子）通通拔掉，全部廢了。

朝廷想拔掉三藩的理由，能說得出口的，是財政。從順治初年起，朝廷每年供給福建、廣東和雲貴大量的軍政預算。在順治年間，光是雲貴的吳三桂，每年要向朝廷索要九百萬兩銀子，養活他旗下的兵馬、官員，到了康熙親政的時候，這個數字加上耿、尚二藩的開銷，總計是兩千多萬兩銀子。所謂「天下財賦，半耗於三藩」。更嚴重的是，南明的反抗勢力，基本上已經被這三位藩王按平了（都怪吳王爺太實在）。沒有給錢的理由（用兵），卻有當凱子的事實，你說這叫康熙如何不揪心。

至於康熙難以啓齒明說的真正撤藩理由，我來替他說，當然就是「臥榻之側，豈容他人鼾睡」！皇上要集權專制，豈能容許天下之內有好幾種不同制度？尤其是吳三桂，對雲南、貴州兩省的軍政官員，有推薦、任用之權，他進用的官員，號稱「西選」。什麼中央政令、朝廷法度，在這裡，大概只是裝飾品而已。軍事上，吳三桂擁兵至少六萬，完全不受朝廷節制。這支兵力，撇開吳王爺起家的關寧鐵騎舊部不論，主要是以明朝投降軍隊和流寇餘部改編，以綠旗爲識別標誌，俗稱「綠營」。這些兵老爺，和朝廷根本沒什麼淵源，叫也叫不動；與吳王爺則是恩連義結，喊一聲就會相挺到底，這更是一大隱患。可是讓皇上難以啓齒的原因是，這些權力，還都是康熙老爹順治賜給吳三桂的！現在想收回來，總不能沒有個理由吧。

爲了想出一個撤藩的好理由，親政的康熙皇帝朝思暮想，甚至還寫成大標語海報當備忘錄，掛在柱子上每天提醒自己（以三藩及河務、漕運爲三大事，夙夜廑念，曾書而懸之宮中柱上）。

這個備忘錄，不但字跡秀勁、大器，而且寫得非常明顯，三藩派在北京的人質，哦抱歉，是代表，都不可能會沒注意到。三藩的駐京代表裡，最有名的是後來被安排擔任偶像劇某角色的吳應熊先生。吳先生是平西王吳三桂世子，順治皇帝把妹妹建寧公主（請記住：是康熙的姑姑，不是妹妹）許配給他，當了額駙（駙馬）。康熙七年，輔政大臣鰲拜又加封吳應熊太子太傅銜。另外兩藩的家人，比如耿精忠的弟弟、尙可喜的兒子，也都被叫去北京上班。

對清朝來說，吳應熊等人是三藩留在朝廷身邊的人質；對三藩來說，吳應熊等人是他們安在京師的眼線。擔負起光榮的人質兼包打聽任務，吳應熊很快的就將康熙在宮裡懸掛落地大海報的消息，轉傳回報到吳三桂的耳中。平西王爺身邊的謀士，比如劉玄初、方光琛等人，馬上就跑去向吳三桂建議：康熙這小毛頭要動我們，不如我們先下手爲強，來搞他一把吧。

雖然了解「狡兔死，走狗烹」的道理，此時的吳三桂卻不覺得康熙有能力找他的麻煩。或者更精確一點說，他認爲康熙沒這個熊心豹子膽敢撤藩。這個理由首先是行政能力方面。順治末年，吳三桂自己統計，旗下兵馬加上眷屬，一共有二十六萬五千人。到了康熙初年，這個數字大概只會往上增加，不會減少。所謂撤藩，就是要把這將近三十萬人口，從他們已經住了快三十年的雲南，全部搬回吳王爺的故鄉遼東。你可以試著在中國地圖上，從雲南到遼寧畫條直線看看距離有多遠，更何況這大隊人馬，走的可不是直線！這樣萬里長征，所耗費的財力、人力，還有雞飛狗跳的程度，絕對是河北山東換地圈地風波的好幾倍！

另外一個理由，是我們做人實在的吳王爺眞心相信，滿清需要他，而他和清廷有著鎭守、管理雲貴的約定，清廷絕不會隨便解約變卦的。吳三桂心底做的，是明朝黔國公的夢。

當年，朱元璋打天下時，派出大將沐英進兵雲南，後來他被封爲公爵，在昆明落戶定居，他的子孫也世代鎭守雲南，和明朝相始終（最後一任黔國公沐天波，保護永曆皇帝退入緬甸，一起被吳三桂處死）。朝廷要保持雲貴的安定，他吳三桂是不二人選。不過，這個百年契約滿清版，有一點不一樣的地方，是沐英還曾經是朱元璋的養子，而吳老伯和滿清，並沒有這層信任關係。

但是上述這兩個理由，老實說還挺像一回事的。康熙十一年，平西王爺六十大壽，皇上特別恩准吳人質應熊先生帶著公主老婆、孩子等人回雲南探望老爹。做人做事都實在的吳老爹特別高興，覺得朝廷對他根本沒有疑心，還特地找來方光琛等幕僚，要他們以後小心點，別再亂提建議了。

吳老爹身經百戰，他相信憑藉著所擁有的各項條件（以及不可替換性），朝廷是不敢輕易對他下手的。很可惜做人實在的吳老爹實在不了解康熙的帝王心術，以及這位二十歲的青年皇帝，想要將天下歸於一統的雄圖偉略。

康熙的方略（一）：衝動篇

吳三桂有點看扁我們年輕的康熙皇帝的企圖心了。因爲康熙不但想撤藩，不但想，他還很衝動，要一次全部搞定。

後來，三藩之亂打了八年，根據清朝人的說法，仗剛打起來的時候，吳三桂聲勢浩大，加上幾乎各地都有變亂發生，康熙身邊許多大臣慌了手腳，不但暗中偷送妻小回家鄉躲避，還紛紛拜託皇上，砍幾個主張撤藩的大臣給吳三桂消消氣，否則讓他繼續打下去，這可不是鬧著玩的。

聽完大臣們的懇求，康熙皇帝沉著的表示：三藩是朕主張撤的，要追究責任，頭一個就要追究我本人！於是群臣的信心轉趨堅定，少數原來力挺撤藩的大臣，例如明珠、莫洛、米思翰、蘇拜等人，也免於充當代罪羔羊的下場。

皇上這麼發話，當然氣魄是很夠的，展示出青年天子康熙勇敢扛下責任重擔，迎向艱難挑戰的特質。當時康熙在御前會議，討論撤藩與否的時候，曾經說過這麼一段話：

三桂等蓄謀久，不早除之，將養癰成患。今日撤亦反，不撤亦反，不若先發。

這段話很有意思，所謂吳三桂「蓄謀久」，也就是說康熙認爲吳老爺很早就打算要起兵造反了，如果不先發制人，讓他準備好了動手，是很不聰明的。問題是，在動手撤藩的時候，康熙這邊就準備妥當了嗎？

姑且不論吳三桂是不是像康熙所料想，無論朝廷撤不撤藩，都會起來造反，先讓我們在非撤藩不可的前提上，幫康熙想一想，他有幾種方略可以選擇？

第一種方略是按兵不動，忍。敵不動，我不動。康熙才二十歲，吳老爺已經年過六十，尚可喜年紀更大，快要七十歲。三藩底下的將領雖然聽命於吳三桂、尚可喜，可是和在北京當人質的第二代們，關係並沒有那麼密切。如果能向未來賭一把，自己不先動手，讓閻王爺來撤藩，耗費的成本會節省許多。

第二種方式是學宋太祖趙匡胤，杯酒釋兵權。第一套劇本是請三位藩王同時到北京，然後在自己的地盤讓三位老大就範（主場優勢）。或者是第二套劇本：按照年齡先後，依次勸退尚可喜、吳三桂、耿精忠，好聲好氣加上好禮貌，不惜成本的送三位回遼東養老。三藩手下將領，以升遷作為管道，慢慢調離雲貴、廣東，空缺則換上朝廷人馬；如果吳老爺和手下這批人有什麼需求，比如金錢美女別墅豪宅，也都盡量滿足所需。

第三種方法，是學漢景帝劉啓，以武力撤藩。當年吳王劉濞（劉邦的姪子）以「清除皇帝身旁小人」（清君側）為名，聯合六個劉姓宗室起來造反，史稱「七國之亂」。漢景帝在殺了建議削藩的大夫晁錯以後，七國仍然繼續叛亂，只好擺起強硬態度，任用外戚竇嬰、功臣後代周亞夫為將軍平亂，來一個打一個，來七個我打三雙半！事實證明，景帝的這些堂伯堂弟並不耐打，亂事沒幾個月就被平定，為漢朝後來的中央集權奠定了基礎。但是這種方法因為要動眞刀眞槍，算是下策。

從康熙的各種措施來看，他選定的方略是第二種，也就是溫水煮青蛙，慢慢的讓三藩變成一鍋田雞湯。美味煲湯的第一步，首先需要作一些分化工作，比如一面如我們前面提過的，提升三藩在京師人質的官職，一面調開許多三藩手下將領，還升他們的官，這等於告訴這些人：你們的位置，是朝廷給的，可不是吳三桂等人的私人武力。

然後，在這些人被調走後留下的空缺，派去的都是忠於朝廷的人。更重要的是雲貴、福建這些地方的巡撫、總督人選，都是預備要建立朝廷力量、貫徹撤藩政令的實際執行幹部，譬如，擔任雲南巡撫的，是原江寧巡撫、漢軍正黃旗人朱國治；接任雲貴總督（治所設在貴陽）的，是漢軍正藍旗的甘文焜；派往福建擔任總督的，是漢軍鑲黃旗人、前任浙江巡撫范承謨。上述這幾位仁兄，絕對忠於朝廷，保證吳三桂、耿精忠再多錢也買不動，再努力也趕不走，而且臉非常之臭，態度非常之差，擺明是要給三藩難過。

可惜，康熙畢竟太過年輕，才三年的時間，水溫一下子升高得太快，終於逼反了吳三桂這隻老青蛙，而不得不改採下策——武力平亂。而溫度驟然升高的關鍵，就在尚可喜突然要求退休、養老遼東的一封奏疏。

康熙十二年（一六七三年）三月，鎮守廣東、高齡七十的平南王尚可喜想要退休了。他在給康熙的報告上面說，臣已年老，想回遼東終老，想把舊部以及眷屬，一共兩萬四千三百餘人一併撤回，請朝廷提供沿路必要的食宿協助。至於平南王爵，尚老先生請求，讓他的大兒子尚之信繼承，繼續留守廣州。

如果說，尚可喜想要回遼東老家或許是眞心的，那麼康熙收到這個奏疏時的喜悅，保證是百分之一百二十的發自內心。康熙馬上派兩名侍衛去廣州宣詔，文章開頭先稱讚尚可喜過去的汗馬功勞，向他表達皇上內心的深深欣慰之情。至於，尚之信繼承王爵的要求，還有平南王麾下統轄兵馬的處理，朝廷很快給了答案：有鑑於尚可喜本人仍然健在，所請不准；至於藩下綠營，統統交給廣東提督管轄。所以，真心的尚可喜換得了朝廷的絕情——藩撤了，兵沒了，王位也不准繼承了。如果尚之信真的就這樣摸摸鼻子上路，以後大概只能在遼東推老爹去曬太陽了。緊接著，耿精忠也在七月上表，請求「撤回安插」他所部官兵。皇上也乾脆不囉嗦地批示：照准！

康熙斷然允許尚可喜、耿精忠的撤藩請求，震驚了原本對朝廷不抱懷疑的吳三桂老先生。懷抱著永遠鎮守雲貴、以及對康熙的最後期待，吳王爺決定作最後一次的試探——也跟著上表請求撤藩。

在擬稿的時候，吳三桂的首席謀士劉玄初勸他：王爺，萬萬不可啊，皇上老早就想撤了你，只是苦無藉口而已（上思調王，特難啓口），你今天上表撤藩，早上遞出去，下午朝廷就會讓你打包收行李了（疏朝上而夕調矣）！其它兩藩請撤，就讓他們去撤好了，王爺你何必要摻和進來？

吳三桂還是堅持要試康熙一下。他自忖，就算尚、耿兩藩吃癟碰壁，憑他吳王爺麾下的精兵強將，憑他三十年來在西南各省建立起的強大人脈網路，如果康熙夠聰明，就不會以爲靠這兩、三年所作的分化措施，有辦法令他俯首聽命、將他連根拔掉。他相信，康熙會以誠懇的慰留，來結束這次試探。

不妨這麼理解這個有著複雜人生的人物：吳三桂，一個過於簡單的人。

一個月後，也就是康熙十二年八月，自信的吳三桂等到了康熙的御筆回覆：

> 吳三桂請撤安插，所奏情詞懇切。著（平西）王率領所屬官兵家口，俱行搬移前來。

康熙竟然真的要動手撤藩了！好大的膽子！那孤王也只好反上一反了！

> 「年輕人，終究是年輕人，太衝動了。」——《賭神》裡的新加坡賭王陳金城

衝動的後果

批准三藩自請撤返的上表以後，康熙很認真，忙著籌備吳三桂等人沿路的旅行食宿安排；收到康熙詔書以後，吳三桂等人也很認真準備——忙著準備造反。

康熙從八月開始，就馬不停蹄的部署遷藩的各項細節。他下命令給戶部、兵部、吏

部等單位，要求將三藩撤返北方的路線、住宿、沿途保安，以及北遷的官兵家屬將來所需要的耕田與房屋等事項，務必要「籌劃周詳」；又指令奉天（遼寧）的地方官員，必須切實探勘撥發給三藩屬下官兵與眷屬的田地。在這段時間裡，三藩提出什麼要求，都盡量滿足。總而言之，爲了平穩撤藩，一切都要作到最高水準。

吳三桂從八月開始，就一刻不停的部署表面上搬家、實際上造反的各項細節。他下命令給雲南、貴州直屬的二十多萬官兵及眷屬，要求造人員及武器清冊（實際上是開始軍事動員）。接著又派密使四處活動，除了拉攏被調走的舊部，也到廣東、福建與台灣，聯絡耿精忠與尚之信，以及台灣的鄭家一起發兵反清。總而言之，爲了妥善隱瞞朝廷，一切都要作到最高機密。

爲了確實辦好撤藩事宜，並且使朝廷尊重藩王的誠意，完全讓三藩心領神受，康熙特地派出中央政府的部會首長級官員到三藩領地，擔任欽差專使。派往雲貴的，是禮部左侍郎折爾肯與翰林院學士傅達禮，據說這兩位都是吳王爺在遼東時的老相識；派往福建的，是吏部左侍郎陳一炳；戶部尚書梁清標則前往廣州，辦理尚可喜的撤兵起行事宜。

爲了確實做好造反事宜，並且將雲貴等地軍事動員準備的情形，完全讓朝廷蒙在鼓裡，吳三桂秘密下令雲南全省各出入關隘的守將，即日起嚴格把守，所有人、車、馬、牲畜，一概只准進，不准出，就算是天空的飛鳥，也得給我打下來，誰知道會不會有飛鴿傳書。

折爾肯等人於九月到達昆明以後，吳三桂向他們抱怨：搬家的雜事實在太多了，必須延後日期出發，大家討價還價幾次以後，吳王爺說，那就定在十一月十八日，正式起兵造反，啊，說漏嘴了，是啓程北上。

折爾肯等人也不是全無心眼，在抵達貴陽的時候，他和總督甘文焜私下密商，根據從多方接收到的小道消息、各關口只放進不放出的新指令、以及各種詭異的軍隊調動來研判，吳三桂等人正在進行的，可能不是撤藩，而是造反。所以在進入雲南以前，折爾肯祕密留下了原本派來幫辦事務的薩穆哈、席蘭泰、党務禮等人（後來薩、党等人就如本章開始時所述，拼命逃回北京報信），囑咐他們，一旦情勢有變，要立刻分途往北逃回朝廷控制的區域稟報最新消息，以免朝廷派在這裡的人，整把被捉去當火鍋湯底，吳三桂都殺過來了，北京還在樂呵呵的準備迎接他回來養老。

接下來發生的事情比較多，請各位賢明的讀者容許我以流水帳方式交代：吳三桂多方挑動麾下將士對朝廷的怨懟情緒，十一月十八日，他藉口起行前祭拜（被他害死的）永曆皇帝，穿著明朝冠服對部屬哭訴朝廷「百般催迫」，同日舉行閱兵。二十一日，吳藩帳下親兵突然包圍在昆明的朝廷機構，包括巡撫朱國治、知府劉昆等人都被殺害，欽差折爾肯等人遭到軟禁。吳三桂自稱「天下都招討兵馬大元帥」，所部將士一律白衣白甲白旗，宣告爲崇禎皇帝復仇（這三十年來你都在幹什麼？），並且公開暗中保護三十年的「先皇三太子」朱慈炯（存在爭議）。十一月底，吳軍進入貴州，雲貴總督甘文焜逃到鎮遠，被已歸順吳三桂的軍隊包圍，甘全家自盡。十二月二十二日，距離吳三桂起兵已經一個月，四川湖廣總督蔡毓榮才向朝廷彙報最新敵情，以及朝廷力量在雲南、貴州完全潰滅的慘況。接下來，二十萬吳軍由貴州北進，沿途勢如破竹，許多清兵將領開城投降，廣西跟著造反，湖南、四川兩省很快的被攻下。短短三個月，吳軍前鋒北向已經抵達長江南岸、湖北境內的松滋，東向則圍困了江西的吉安。

至於在康熙這邊，這幾個月內雖然也作了不少事，比如：褫奪吳三桂的王爺爵位、停撤耿、尚二藩、經常到北京郊外舉辦穩定人心的自強活動、開始調兵遣將準備平叛等等，不過大部分都還是紙上文章，沒有什麼實際效果。康熙君臣驚惶窘迫的情形，連遠在拉薩的達賴喇嘛都看得出來，康熙十三年四月，五世達賴向康熙提議，如果皇上您擔心打不過吳老爺，不如現在就和吳三桂和平談判、長江以南換人做做看（裂土罷兵）吧。

三個月內連丟六省、搞到連達賴都來說風涼話，有些歷史學者還說這之前的康熙老早就處變不驚、成竹在胸、戰略周全、穩健老到，恕小弟愚昧，我不清楚他們作出這樣的判斷，根據何在。

面對吳三桂起兵造反，聲勢浩大，康熙君臣明顯的沒有任何準備（因爲之前都在忙著布置吳老爺的新家），可能是因爲之前擒拿鰲拜太過順利，也可能是對自己的各項撤藩措施太有自信，又或者，是太過衝動，想要一次就搞定三藩，導致朝廷一時之間，毫無招架之力。

所以，要說康熙從一開始就成竹在胸、準備充足，實在是說不通的。相反的，正是由一開始的挫折連連，到後來卻能夠穩住陣腳、吸取教訓，很快從政治、軍事上展開反攻，才是康熙反敗爲勝的厲害之處。

眞正的勝利者，不一定要百戰百勝；懂得修正錯誤的人，才能夠笑到最後。

王輔臣：一個為難的人

康熙十三年（一六七四年），吳三桂在雲南起兵造反，廣西的孫延齡態度曖昧，福建的耿精忠也跟著躍躍欲試，台灣的鄭經還趁機反攻大陸；廣州的尚可喜雖然不想造反，無奈兵權都在想搗亂的兒子尚之信手裡。就連北京，天子腳下，也有楊起隆等人自稱是「朱三太子」，建年號「廣德」，起來鬧事。請賢明的各位讀者看看下頁地圖，眞是天下大亂，遍地烽火啊。（順便說一下，本圖是作者根據史料編製，屬於市面上同類書中難得一見的形勢地圖精品，在此隆重呈獻。）

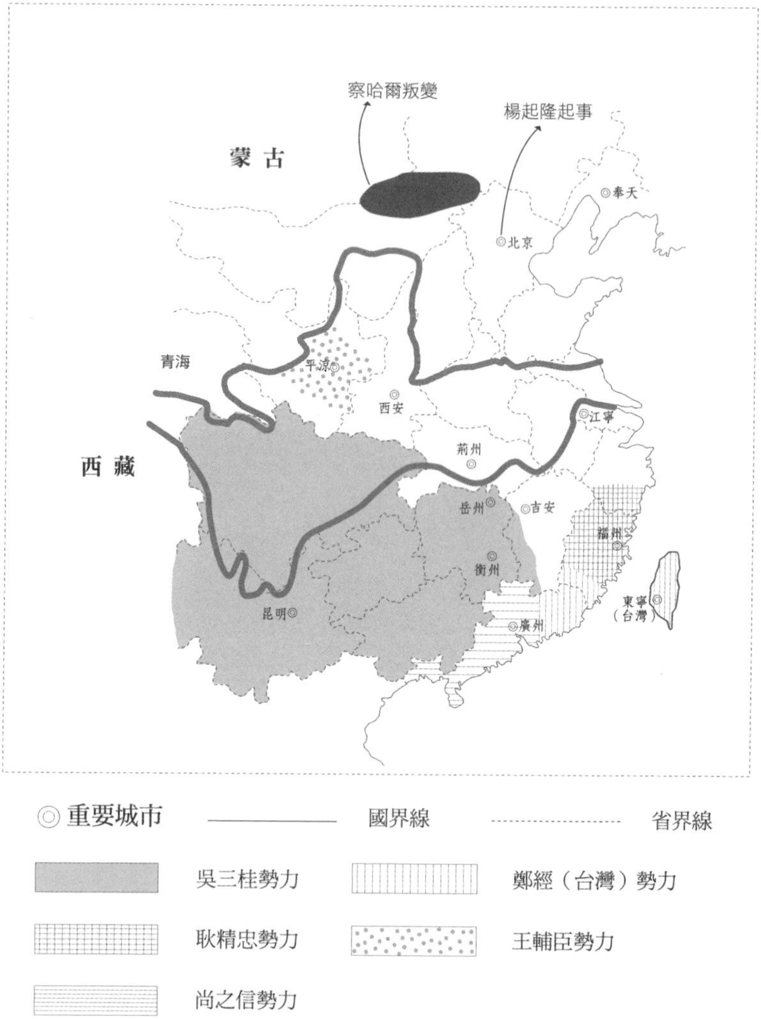

康熙十四年時三藩之亂形勢圖

長江以南，中路已成戰場，東路情勢混亂（以上兩路稍後會提到），就在這個時候，西線無戰事，但是舉足輕重。

吳三桂意識到，要從四川挺進陝西，減輕湖北正面戰場的壓力，進而威脅河南山西，必須拉攏一個人。康熙認識到，要從陝西反攻四川，減輕湖北正面戰場的壓力，進而扭轉劣勢，必須穩住一個人。

這個人是王輔臣，原來平西王麾下總兵，時任陝西提督。

王輔臣，河南人，原本是個無名小卒，順治五年（一六四九年）時，在山西大同投降闖王李自成，王打仗勇猛，與清兵交戰時，他的絕技是衝進清軍大隊人馬中，順手撈回敵軍，擋都擋不住。據說，在山西戰場的清兵，只要遠遠看到王輔臣的那匹黃驃座騎遠遠奔過來，會大喊「馬鷂子（王輔臣外號）至！」然後，勇敢善戰的大夥，紛紛作出令人驚異的舉動——四散逃逸。

後來大同陷落，王猛將也跟著守將一起投降了清朝。大概是清兵看到他（騎的馬），望風而逃次數實在太多，連朝廷都知道有馬鷂子這號人物，於是授一等御前侍衛、並且「抬旗」（編入八旗），入漢軍正白旗。來自民間的王小兵，現在的身分，變得高貴了。

大家看到這裡，不曉得會不會興起一種似曾相識感？沒錯，我們王猛將的發跡史，的確和三國遊戲裡面武力值破表的呂布呂大將看來很像。想當年呂奉先勇猛無雙，劉關張三個人圍著呂布打，才勉強打了個平手（小說情節），王大將也被當時的人看成是呂布再世，果然是高手中的高手，猛將中的猛將。

跟呂布更像的是，王輔臣不但會打仗，還像呂布很愛拜人當乾爹一樣，懂得討好年紀比他大的男人。早先他跟著投降清朝當漢奸的洪承疇打仗，洪大人文官出身，每次遇到惡劣路況時，王將軍總是趕緊翻身下馬，親自給洪經略牽馬；要是天雨路滑，泥濘難以騎馬，馬鷂子王輔臣還會親自扮演馬，背著洪承疇走過去。洪大人對王輔臣的表現滿意得不得了，親自推薦給吳三桂使用。吳老爺也頗爲喜愛王將軍，不但升他當總兵官，駐守雲南曲靖，但凡有好吃好玩好穿的，絕對不會忘記王輔臣那一份。

康熙親政之後，開始動手料理三藩，先把吳老爺帳下得力的大將調開，王輔臣就是其中一個，他被調任爲陝西提督，駐守平涼。王輔臣上任前去向吳老爺辭行，堂堂平西王爺哭得一把鼻涕一把眼淚，又送路費又是餞別，弄得王總兵手足無措，不知道該怎麼安慰吳老先生才好。

王輔臣走馬上任以後，康熙當然也多方拉攏，年輕的皇上還眞放得下身段，不但經常召見王老兵，又是陪看元宵節花燈，又是賞賜先帝豹尾槍，還對王輔臣說：這一對蟠龍豹尾槍，賜給你一枝，見槍如見朕；留下的這枝，朕見槍如見你。皇上用情這樣深，王提督也只好趴在地上哭著說感恩。

本來皇上看重、平西王爺賞識，對王輔臣來說，應該是左右逢源的好事；可是待退人員吳三桂，竟然和年方弱冠的康熙槓上，變成誓不兩立的對手，王提督這下子就左右為難了。兩方陣營都急著要手握兵權的王大人表態：究竟，你王輔臣王大人是該跳出來力挺晚年創業、開創人生第二春（？）的舊上司吳三桂呢，還是應該繼續效忠同樣重用他的新主子康熙皇帝呢？

剛開始的時候，王輔臣決定繼續保持對康熙的忠誠。吳三桂派說客、名嘴汪士榮（王輔臣之前的部屬）帶著他的親筆信和委任他作大將軍的任命狀前往平涼，王輔臣看也不看，馬上讓兒子王繼貞把汪名嘴綑好，連同吳三桂的信送往京師一起呈給康熙。皇上看了大為高興，立刻獎賞王輔臣的忠心，還加封王繼貞為人質，哦抱歉，是太僕寺少卿（正四品的榮譽官銜），留在北京上班。吳三桂對王輔臣的拔樁攻勢，看起來是沒什麼戲可唱了。

康熙沒想到，他費盡心力穩定下來的西北局勢，幾個月以後就因為一場兵變而驟然翻盤，讓好不容易靠過來的王輔臣，又掉進夾縫裡；而這場兵變，竟然是因為他精挑細選派去的總指揮官莫洛所鬧出來的。

康熙十三年二月，皇上親自選定的陝西經略、內閣大學士莫洛，來到西安就任。先說這個「經略」的官職有多大。明清時期，一省的最高文職長官是巡撫，巡撫上面有總督，通常管轄兩個（有時候三個）省的巡撫，而經略就是管兩、三個總督的頂頭上司，軍事政治一把抓的中央超級特派員。莫洛因爲在擔任山陝總督任內政績不錯，回京擔任刑部尚書以後又力挺康熙的撤藩決策，康熙認爲他算是既熟悉地方情形，又能統籌軍、政大局的指揮官。莫洛的使命，就是要統籌陝西、山西、甘肅等省的軍隊，向四川的吳三桂勢力發動進攻。

不幸的是，莫洛大人雖然勤政愛民，卻有一個非常致命的缺點——他瞧不起當兵出身的馬鷂子——讓他極不適合出任此職。經略大人剛上任，王輔臣就趕到西安，親自報告幾個關於進攻四川的想法，莫洛說，這都是胡說八道（其意忤謬）。王輔臣帶兵跟著莫洛出征，請求增兵，莫洛答應了，卻把王部最精銳的騎兵兩千人抽調一空。王提督因此總結出一個想法：莫洛是皇上專門派來整死我的。

十二月初四深夜，駐紮在寧羌（今陝西省寧強縣）軍帳中的莫洛，被軍營外的士兵鼓譟聲驚醒。他本來以爲是因爲糧食運送不上所引起的少數士兵吵鬧，沒想到這一波接著一波的攻勢，是王輔臣親自率領的綠營漢兵發動的！正當莫洛匆忙披上盔甲，要組織滿洲八旗部隊抵抗的時候，一粒不知道從何處射來的火銃槍彈，結束了經略大人的性命。清兵隨即潰散。

夾在吳三桂與康熙皇帝之間搖擺兩難的陝西提督王輔臣，還是叛變了！

康熙的方略（二）：勝利篇

王輔臣發動兵變殺了莫洛，對康熙來說是一個沉重的打擊，好不容易看到的勝利曙光，竟然咫尺就是天涯。加上派往各地的指揮官又多半無法讓他滿意，衝動之下，康熙想要御駕親征，到湖北荊州前線去親自指揮作戰。還是大臣們連番勸諫，說是京師乃天下根本重地，太皇太后年紀又大了，以前還能幫你搞定鰲拜，現在大概沒有辦法再重出江湖了。康熙這才打消親自跑去砍吳三桂的念頭。

康熙十四年（一六七五年）的正月，冷靜下來的康熙皇帝，重新凝視著擺放在南書房的木盤（軍事地圖）。《大學》裡面說「定靜安慮得」，飽讀儒家經典的康熙，定下心來，窮理探源，反諸本心，終於看見了勝利的關鍵所在。

在啓發無數少男（？）心靈的偉大電影《賭神》裡面，新加坡賭王陳金城嗆賭神高進說，年輕人總是太衝動，底牌掀得太快。不過，各位賢明的讀者一定都不會忘記，電影的最後，年輕人高進靠著高科技——西德進口液晶隱形眼鏡，幹掉了老頭子賭王。

康熙那個時代當然是沒有高科技隱形眼鏡的，不過，我們倒是可以把隱形眼鏡看做一種隱喻，詮釋成判斷局勢的精準眼力。套在這裡，那就是年輕人康熙靠著對局勢的正確判斷，最後打敗了老頭子吳三桂。

康熙做出的第一個正確判斷，就是在西北、湖廣、閩粵三個戰場上，分別採取量身打造的對應戰略。大致上說來，西北和閩粵兩地是邊打邊談，湖廣戰場則是只打不談。這樣做的目的，是在閩粵和西北兩個戰場，減輕朝廷所受的壓力，而能盡量把精銳軍隊集中在湖北，先消滅吳三桂再說。

在獲悉吳老爺起兵造反以後，康熙立馬派人通知正在不情不願打包行李的耿、尚兩藩：即日起停止撤藩！這樣做，雖然還是沒能穩住尚之信、耿精忠這兩個愛找麻煩的傢伙，至少可以網開一面，留個餘地，不要把這兩位逼到絕路，鐵了心跟朝廷作對。

果然，後來耿精忠被台灣的鄭經，以及清軍打得兩邊不是人，沒有辦法，又向朝廷接頭靠攏，明知道他是逼不得已才投降，康熙還是接納了。尚之信把不願意響應吳三桂造反的老爹（尚可喜）、弟弟（尚之孝）軟禁起來，接受吳三桂封授的輔德親王名號，卻不發兵支援。康熙明知尚之信這不可靠的傢伙在清、吳雙方之間搧風納涼，坐觀成敗，也暫時容忍下來。

西北戰線方面，王輔臣鬧出一場兵變，殺掉了康熙派去的最高指揮官，雖然大出康熙的意料，但是鐵了心要跟著吳三桂鬧事的王輔臣，等到的不是清兵的反攻，而是皇上的宣慰詔書，語句裡沒有指責，只有體諒和勸慰：莫洛來西北整你？那是我用人不當（朕之知人未明）；殺了朝廷重臣？那是莫洛的問題，是他自己找死。發動兵變？那是你手下士兵發脾氣鬧出來的（係兵卒一時憤激所致），也不是你的問題。只要你能回到平涼駐地，保證絕對沒事，麻煩請王提督您就帶兵回來吧，不要再心存猶豫了。

然而，猶豫是某些人的職業病，王輔臣嘴巴上答應要投誠，實際上卻沒有動作。康熙當然也曉得，王輔臣打的是緩兵計的算盤（借此以緩我師，乘間爲固守計）。但是對這個猶疑兩端的王提督，康熙一再表明自己不會食言，並且放回滯留北京的王繼貞來表示他的誠意。

面對康熙的誠意，王輔臣還是很猶豫。他又要求康熙頒布恩詔，連同參加兵變的官兵在內，一併赦免。康熙還是耐著性子答應了。而後來王輔臣的結局（於康熙二十年畏罪自盡）證明，他的猶豫並非全然沒有道理。

王輔臣的兒子被康熙果斷的放回去了，但是吳三桂的兒子和孫子會面臨怎麼樣的命運呢？前面提到過，吳三桂的世子吳應熊和世孫，都留在北京、捏在康熙的手上當人質。吳三桂剛起兵時勢如破竹，打清兵活像是職棒打少棒，進展快速，三兩下就逼近長江南岸，假使他在北岸清軍還沒集結好的時候，渡江北進，雖然不一定就此底定大局勝負，至少能給康熙帶來相當大的壓力（還可以促使更多的西瓜派倒戈）。可是，吳老爺在進兵到湖北松滋之後，就整天晃來晃去，開同樂會、檢討會、運動會，就是不召開北攻的軍事會議。吳三桂的謀士劉玄初急得跳腳，跳得腳都快抽筋。

據說，吳三桂之所以突然踩剎車喊暫停，其中一個理由，就是他的兒子、孫子在康熙的手上，而頗有點想以隔江停戰，交換人質的意思。

據說，吳老爺把被軟禁的朝廷撤藩欽差折爾肯、傅達禮兩人送回到清軍控制的武昌城，捎帶了一封給康熙的信。這封信因爲內容「乖戾，妄行乞請」，所以朝廷不予刊載公布。但是內容可以推測的出來：康熙，如果你把俺兒子和孫子還來，我就和你劃長江談和吧。寫信人：吳三桂。

康熙這方面，他召集了大臣，針對吳姓人質（複數，總共五人）如何處理舉行會議，進行了多次討論，在聽取各方意見以後，皇上充分了解到吳三桂想談判的誠意、手握吳人質們這張牌的重要性，以及打出人質牌，在談判桌上逼迫吳三桂就範的可能性。於是，經過深思熟慮，康熙做出了決策，這個決策很簡單：

吳應熊與其子，通通砍掉。

想跟我談判？絕不跟你談！想要威脅我？我偏不買帳！想造我的反？就讓你斷後！

從後世的角度看來，康熙斷然殺掉吳姓人質們，擺出強硬平叛、作戰到底，絕不妥協的立場，是邁向勝利的頭一步棋。因爲，此刻康熙已經看穿，看起來聲勢浩大的吳老爺，其實虛有其表，不但起來鬧事的正當性不足，甚至連軍事戰略都沒有，只能算是走一步、算一步。吳應熊被處死，象徵康熙的武力解決吳三桂的決心，討價還價的談判大門，永遠關上了。

康熙這招，確實給吳三桂很大的打擊。史料上面說，本來在松滋樂呵呵的提升部下官兵福利的吳老爺，收到探馬報來吳應熊父子被處死的情報，當時吳老爺正在吃飯，據說嚇到像是中風發作，臉色難看得像死人一樣（驚悸發疾，竟以似死人）。

在這裡順帶提一下對長年人質吳應熊先生的評價問題。有些作家愛作翻案文章，說吳人質爲人軟弱老實，在北京又很安分，意思是應熊其實無罪，而康熙殺他則太過衝動，假使康熙再等個幾年，把吳老爺給等掛了，吳人質繼位當平西王，撤藩一定會更和平順利。

雖然我也同意康熙在撤藩上面不夠沉穩，所以激起變故，導致八年戰爭；可是，關於吳應熊這個人，他眞是個老實人嗎？史書上面說，當吳三桂於西南起兵的同時，北京一日數變，到處有不良分子縱火鬧事，都是吳應熊派人做的（都城內外，一夕火四起，皆應熊黨爲之）。我不曉得說吳人質老實的人，爲什麼會沒看到這條史料。

總之，在主戰場立場強硬，側面戰線則保持彈性，康熙皇帝確立下清楚的方針，穩健的度過了三藩起兵以來最黑暗的時刻。不過，在他迎向全面勝利之前，還有一個問題需要處理：原先滿洲人引以爲傲的戰爭機器，竟然生鏽了！

換人上場對付你！

雖然說進兵到長江南岸就按兵不動好幾個月，吳老爺畢竟是打了一輩子仗的人，反正閒著也是閒著，不如來布置一下防禦重點，也好過胡思亂想。

吳軍設定的重鎮是岳州（今湖南省岳陽市）。這座城市在湖南省東北邊，三面環水（洞庭湖水系環繞），對於水戰技術還處在幼兒階段的清兵來說，易守難攻，頗爲不利；吳軍在水路布署快船百艘，來去飛快；在岳州城又聚集七萬大軍，不但掩護長沙、湘潭等產米地區，還隨時可以北進，堪稱是吳三桂陣營進可攻、退可守的大本營。

而除了岳州這個基地，吳軍的戰法也有改良和創新：除了原先遼東鐵騎的火器與快速機動戰術以外，還從雲南引進了專剋滿洲騎兵的惡夢兵種——象兵，吳軍騎在大象上頭施放火器，結陣推進。這種令馬匹軟腿、人類腿軟的終極武器，不但能讓清兵嚇壞，還能圓滿的達成傷害保育類動物的任務，看來吳三桂果眞是罪大惡極啊。

面對這樣的態勢，康熙皇帝當然滿心不想讓吳老爺稱心如意，於是康熙十三年初，朝廷在主戰場上隆重推出多羅順承郡王勒爾錦爲寧南靖寇大將軍，率領八旗勁旅進駐江北荊州，準備反攻長江以南，以收復岳州爲頭一個任務！

康熙十三年（西元一六七四年）三月，勒大將軍向皇上報告：吳軍將領劉之復，率水陸大軍進犯，在彝陵扎營，已經被我軍擊退了。康熙表示：做得好，請乘勝追擊，渡過長江，攻擊岳州。

康熙十四年五月，勒大將軍向皇上報告：吳軍將領楊來嘉，率軍進犯彝陵，已被我軍打退，斬首三千餘級。有鑑於敵人在長江水面非常囂張，請皇上多派水師艦艇前來，阻斷敵軍運輸（請益戰艦以斷運道）。皇上批示：沒有問題，請再接再厲，攻擊岳州。

同年八月，勒大將軍向皇上報告：上個月吳軍進犯我江北大營，已經被我軍打退了。有鑑於南岸賊兵挖壕溝、築碉堡工事，似乎不利於我軍騎兵衝陣（賊立壘掘塹，騎兵不能衝突），如果皇上能夠加派綠營漢兵、戰車（木製）、還有大炮前來，臣就可以消滅賊寇了。康熙（……）：好吧，所請朕皆同意，你就快點進兵吧。

同年十二月，勒大將軍向皇上報告：如果能夠加派京師的禁衛軍前來，臣就可以……。康熙（拍桌）：你到底要不要出兵啊！還要拖到什麼時候（責其遷延）！

康熙十五年初，勒爾錦率大軍渡江，在文村、石首與吳軍接觸，獲勝，於是進展到太平街（今天長沙市天心區），被打敗。

於是他率兵渡江，又退回去了。

我們要向正在皇宮大內氣得跳腳、急到不行的康熙，表達深深的同情和安慰之意，因爲勒大將軍的表現，絕對不是特例，接下來，皇上派在各戰線的滿洲親貴統兵將領，用了各種非常有創意的拖延進兵理由，讓催促他們出擊的康熙哭笑不得。

比較普通一點的，例如說，有梅雨季要來了、碰巧生病、山丘地形不適合騎兵、糧食接運不上等理由，算是基本款。比較扯的，有「忘了帶煮飯傢伙」（炊具未備）、以及「敵軍看起來好可怕」（敵勢盛大，未便即取）等豪華升級版。算起來，除了在福建、江西作戰的安親王岳樂、康親王傑書（他又出現了）還算是積極進取以外，其他滿洲親貴們都留下了輝煌的推託紀錄。

假如康熙皇帝是一支職棒隊的總教練，那他所排出的打擊棒次（前線將領），個個都是站著不動被三振下場的。連揮棒（出兵）試一下都不肯，上不了壘，戰術再高明也沒用。

康熙漸漸明白了問題所在：作爲前線戰場指揮官的滿洲親貴，已經失去開國時的勇猛氣魄，這些養尊處優的公子哥兒，要他們喝茶嗑瓜子養畫眉鳥是可以的，要他們帶兵上戰場衝鋒是要命的。同時，縱橫華北平原，所向無敵的滿洲騎兵，進到了丘陵起伏、河渠密布的南方作戰，似乎也是不恰當的。

於是，大清隊總教練康熙上場，向裁判（如果有的話）表示：暫停，換人！

頭一個換上場的新球員，是大學士圖海，他被派往陝西戰場對付王輔臣。比起心胸偏狹、惹翻王呂布的莫洛，這次康熙派去總領西北軍政的圖海，是個眞正厲害的角色。圖海，字麟洲，馬佳氏，滿洲正黃旗人，年輕時是滿文翻譯（筆帖式），更難得的是，圖海文官出身，卻能活用兵法、懂帶兵打仗，這在當時的滿人裡，相當少見。

康熙十四年，察哈爾蒙古部落的布爾尼王子，因爲看到康熙局勢不穩，也想來撈一筆，趁京師空虛，帶了騎兵殺過來。當時八旗精銳幾乎已全數抽調往南，北京無兵可用，康熙這下還眞的有點慌，趕緊入宮問孝莊太皇太后，可怎麼辦？孝莊這輩子，大風大浪經歷得多了，連多爾袞這樣的猛人，她都曾對付過，當時蒙古部落裡，這群造反的傢伙怕都還沒出生呢！因此只淡淡的表示：這等跳樑小丑，怕他作什麼？遣在京旗丁迎戰得矣。

旗丁，指的是滿洲八旗權貴們府中的家丁。康熙登時恍然大悟：這是一批儲備兵源，就等著緊急時候派上用場，不過，兵有了，該派誰爲將出征呢？

皇上想起了圖海。他起用本來反對撤藩的圖海，組織北京旗人，出兵平亂，沒花幾天，圖海就平定了察哈爾叛亂。

隔年，康熙又派圖海爲撫遠大將軍，總督西北軍事，接替原本畏畏縮縮的貝勒董額。當時放開心胸、努力造反的王輔臣，和吳三桂派來增援的兵力合作，攻下甘肅蘭州等重鎭，聲勢不小，清軍只能龜縮在西安附近，主將董額只能不停的要求康熙同意王輔臣的和談條件（因爲這樣才被撤換）。圖海抱定「先開扁再開口」的策略，一上來就砍斷王輔臣和吳三桂派來援兵的連繫，逼迫缺糧的王輔臣退守平涼。接著，圖海用上康熙運來給他的紅衣大炮，轟平了平涼城外的戰略要地虎兒墩，炮口直接能瞄準平涼城。缺糧又被圖海壓著打，王輔臣這下沒了辦法，只能接受圖海提出的和談條件，康熙十五年，王輔臣再次投降清廷，西北戰場大勢就此搞定。

第二批換上場的是兩位漢人將領，他們不是新球員，而是改調棒次到中心打線的強棒。首先要介紹的，是由行政長官（湖廣總督）轉任前線指揮官（綏遠將軍）的蔡毓榮，他所肩負起的，是康熙所授與由湖北戰場正面壓迫敵軍的使命。蔡毓榮祖籍遼寧錦州，漢軍正白旗人，老爹蔡士英當年是遼東系軍人出身，蔡總督本人能文能武，做過兵部侍郎，應該也熟悉遼東一系的戰法，康熙授與他節制湖廣所有綠營漢軍兵力的大權，與從江西進攻的清兵合作，繞過防守堅固的岳州，先攻長沙。蔡毓榮是康熙鉗形戰略的第一把鉗子。

接下來登場的，是寧夏提督趙良棟。趙兄寧夏出生、寧夏長大，當兵後升官，也還是做寧夏的提督大人。他先跟著圖海平定陝甘的王輔臣，後來又帶兵往四川打。正是我們的趙大人向康熙建議：綠營漢兵比較熟悉山地作戰，在四川、雲貴一帶，應該以綠營士兵打頭陣，而「以滿洲大兵爲後」。康熙採納了他的建議，增加他的兵力，提升他的官職。趙良棟作戰勇敢，帶兵嚴格，他是康熙從西路用來包夾吳三桂陣營的第二把鉗子。

順便交代一下被換下場球員的待遇。康熙十九年（一六八〇年），順承郡王、大將軍勒爾錦被皇上召回京師，追究三年來（其實更長）延誤軍機、浪費糧餉、不停呼弄皇上的責任，被削奪郡王爵位。其他各位以各種微妙理由呼弄總教練（皇上）的滿洲貴族們，這時也紛紛被康熙施以禁賽（奪官）、除名（削爵）的處分。

經過總教練康熙親自調整棒次以後，大清隊果然火力連貫，安打頻頻出現，不斷攻回本壘得分，贏得比賽，也只是時間問題了。

風雨漸停

康熙十五年（一六七六年）三月，清、吳兩方曾經在長沙城外大戰。從江西一路打過來的安親王岳樂，按照康熙的指示，分兵十九路攻擊在城外列陣的吳軍。吳軍人少，一度退居劣勢，最後靠著出動大絕招——象兵——才能反敗為勝。後來吳三桂親自領十萬大軍來救長沙，於是清兵在這條戰線又告敗退。

所以岳州還是關鍵。到康熙十七年時，清軍已經從水、陸兩面，將岳州層層包圍。吳軍在城內囤有三年存糧，能長期堅守，平常清、吳兩方相安無事，不但不怎麼打仗，還能做點小買賣，設些關卡抽點稅，看起來，雙方都拿對方沒辦法，就要這樣一直對峙下去。

結果關鍵中的關鍵，竟然就在這小買賣上頭。當時，岳州吳軍守將吳應麒（吳三桂的姪子）探聽到，清軍控制區的米價飆高，每石要價銀子一兩，於是他腦筋一動，就把儲存的戰備糧食拿出來拋售，用來換取吳方控制區內欠缺的食鹽。如此也就罷了，無奈吳小爺奸商性格發作，竟然把換來的鹽在轄區內出售，所得中飽私囊，至於士兵的軍餉，就折算糧食配發，如此一來，本來存得飽飽的戰備糧食，沒幾下就被吳應麒敗得山窮水盡了。糧食配發殆盡以後，沒領到銀子、又餓著肚子的士兵，看到吳應麒的口袋愈鼓愈脹，心中的火也愈來愈大。康熙十八年正月，岳州城內發生兵變，許多將領率部投降清軍（有銀子又能塡飽肚子），吳應麒倉皇棄城而走，岳州不戰而下！

岳州城的故事，深刻的告訴我們一個道理：清廉不能當飯吃，不過不清廉，連飯也沒得吃。

接下來清軍的進展，比勢如破竹這句成語還要再快一點。清軍從四川、湖廣、江西三路，像銳利的三根箭頭直插湖南。岳州收復後一個月，章泰等率兵攻陷長沙，康熙十八年二月，衡州（今湖南省衡陽市）收復。康熙十九年正月，趙良棟進入成都，康熙授趙爲雲貴總督，加兵部尙書銜；十月，清軍蔡毓榮、貝子章泰等所部軍隊進入貴州省境；十一月初，貴州吳軍已全面潰敗；康熙二十年（一六八一）正月，清軍已經團團圍困大周少主吳世璠所在的雲南昆明。

看到這裡，各位賢明的讀者一定會問：吳世璠？這是誰啊？什麼大周少主？我們吳三桂吳老爺呢？

他已經死去兩年多了。

請各位原諒我隱瞞他的死訊這麼久。吳老爺一生叱吒風雲，做過漢奸，當了叛臣，他用人生最後的光和熱，拼了老命做最後一次豪賭，終究還是輸了。他用盡一生追尋這些問題的答案而不可得：爲什麼人們永遠言不由衷，說的一套，做的又是另一套？爲什麼他的人生裡，遭遇到的對手，從李自成、多爾袞到康熙，都這樣令他難以捉摸，說翻臉就翻臉？

從在松滋得到情報：身爲滿清駙馬、皇帝姑父的兒子，康熙說砍就砍的那一刻起，吳三桂最後的敗局就已經註定。他手上有武力，卻沒有說服力；搞的是政治，卻缺乏眼力。起兵之初，他要恢復大明；三年以後，他在衡州稱帝，建國號爲大周，年號是昭武，對我來說，這些看起來像是一位百戰老將人生退場的姿態，身段華麗，卻是夕陽遲暮，而且，也不再重要。

康熙十七年（一六七八年）八月十七日，長期吞嚥困難、胸悶腹痛、下咽腫痛、體重遽減（當時叫做「嗝噎」，似乎是上消化道癌的症狀）、又兼下痢的吳三桂，病逝於大周定天府（衡州），享年六十七歲。吳應熊的庶子、十六歲的世璠繼大周皇帝位，就是前面說的少主了。

可能你會問，吳老爺逆天稱帝，匆忙結草棚當宮殿，結果天降雷雨，棚頂上的黃漆被沖得乾乾淨淨，搞得活像沐猴而冠的小丑這段故事，我怎麼提也不提呢？請大家跳脫清朝人棒打落水狗的思路，留給漢奸逆臣吳老爺一點做爲人的尊嚴吧。

或者你可能會問，那陳圓圓呢？她的下場如何？紅顏是否薄命？因爲史料沒有寫，所以我也不知道。

康熙二十年九月，趙良棟率部抵達昆明參加包圍。此時，二十五萬清軍在章泰等人的率領下，已經包圍這個吳世璠的最後據點長達八個月，卻遲遲不發動進攻。章泰一直按兵不動，耗用大量糧餉，不但康熙覺得奇怪，趙良棟也感到不解。

趙良棟去問章泰，爲什麼還不進攻？章泰說，他捨不得麾下的滿洲子弟兵，再做無謂的流血犧牲了，要等到昆明不戰自潰，趙良棟說胡扯，你不打我就攻進去了。此時的昆明早已經糧盡援絕，趙良棟會同蔡毓榮發動攻城不久，昆明的城門就艱難的打開了：十六歲的少主吳世璠在五華山宮殿自盡，餘眾七千多人大部投降。

至於結束前的餘波，就是在清、吳兩方之間投機反覆的尙之信、耿精忠兩位仁兄，雖然他們最後都當了西瓜，投靠到康熙這邊來，但在吳三桂被消滅之後，康熙也不必再隱忍這兩個富二代靠爸族的各種劣行，於是，尙之信賜自盡，耿精忠在北京凌遲處死。到此，歷時八年、耗資億萬，由康熙和吳三桂兩位一線男星擔任雙男主角，耿精忠、尚之信、王輔臣、莫洛、圖海等人出演配角，還有無數跑龍套熱情參與的歷史大戲——三藩之亂，正式落幕了。

雲貴和福建、廣東的割據勢力已被平定，康熙已經度過了大清王朝入關以來最嚴峻的存亡挑戰。紫禁城裡，在群臣鬧哄哄的歌頌聲中，二十八歲的青年皇帝已經把思考的目光投向東南沿海。在三藩起兵的時候，有一股從海上來，登陸大陸，分別和耿精忠、清兵交戰的勢力，這股力量來自福建外海的一座島嶼、最後一股效忠明朝的兵力，也是明清風雲八十年的完結篇——台灣。

青年康熙畫像：很難想像在這位稍嫌清癯的軀殼之中，已經蘊藏著捉拿鰲拜、平定三藩的毅力與勇氣。

第四章 康熙皇帝與五個閩南人

本章講的是康熙皇帝與五位閩南人的故事，時間背景從明亡清興的動亂時代，一直到政局穩定的康熙三十年代。第一位閩南人曾經在海上掀起風雲，最後死在了北京菜市口——雖然人不是康熙殺的。第二位閩南人為了信念堅持到底，與康熙為敵，卻在死去二十多年後，贏得了他的尊敬。康熙後來晉用第四位閩南人，打敗了第三位閩南人的兒子，收降了台灣。而從第五位閩南人——李光地的故事裡，我們看到一個成熟而善於領導（操縱）大臣的康熙皇帝，在逐漸茁壯，至於成熟。

康熙二十二年（一六八三年）八月十八日，大清太子少保、福建水師提督總兵官，六十二歲的靖海將軍施琅，踏上了東寧——也就是後來的台南。在他的面前，站著兩位中年人，明鄭武平侯劉國軒以及武衛馮錫範，中間愁眉苦臉的，是年僅十三歲的延平郡王繼承人鄭克塽，他們都已剃髮，準備歸降。從這一刻起，大清康熙皇帝對台灣正式行使統治。

已經有很多人解釋過這一刻：從大明的角度講，這是遺民（不願接受清朝統治的人民）和故土（最後一塊奉明朝年號的土地）的結束；從大清的角度講，這是天下版圖歸於一統的創舉；從十七世紀地緣政治的角度看，這是大陸的陸上強權打敗了海上貿易政權；在二十世紀人的詮釋裡面，這又是「統一」和「獨立」的關鍵一戰；最後，很多人也會想起，其實這是韋小寶的勝利時刻（……）。

當然，怎麼來詮釋這一刻，我也有自己的方式。我想先把十九世紀興起的民族主義、二十世紀的國族觀點、還有韋爵爺這個傢伙都盡量放下，從我們這本書的主人翁康熙的角度來看，這當然是康熙皇帝與台灣的故事，也是在這個風雲際會的大時代裡，他和幾位具有全國知名度的閩南人之間的故事。他與這五個閩南人之間發生的故事，透露出康熙王朝好幾層不同的面相。

讓我們先從六十年前，第一個閩南人的崛起講起。

第一個閩南人：鄭芝龍

鄭芝龍，福建泉州府南安縣石井鄉人氏，字飛虹，小名一官，相貌英俊，個性瀟灑，沉毅有謀，喜歡舞拳弄棒，以勇力聞名鄉里。一官少年時不喜歡讀書，投身大海，結識海上巨寇李旦，漸成其心腹，以日本九州爲基地，縱橫海上。大明天啓三年（一六二三年），李旦死，鄭芝龍接掌其旗下全部船隊，隔年（一六二四年），與甲螺（倭寇）首領顏思齊登陸台灣，「築寨以居，鎭撫土番」。崇禎元年（一六二八年），芝龍以所屬船隊大破明朝福建水師，朝廷工科給事中顏繼祖上奏：「海盜鄭芝龍，生長於泉，聚眾數萬，劫富濟貧……」通國知有此人。福建巡撫熊文燦乃與鄭接洽招安。自是，鄭芝龍出任大明福建總兵，率領原部守衛海疆，並爲泉州首富，其諸弟芝鳳（鴻逵）、芝虎等多人，亦任官職。

尼古拉・一官（Nicolas Iquan）是來自大明南方省份的海上霸王。他多才多藝，能說閩南語、中國官話、日文、西班牙文、葡萄牙語等多國語言，還會彈奏西班牙吉他。聽說，一官早年信仰中國沿海的女性神祇——天上聖母媽祖，不過現在他已經接受洗禮，皈依天主慈愛的懷抱了。如果你有機會見到一官旗下規模龐大的商船團隊，噢，你一定會爲這支團隊成員籍貫的多元感到訝異：漢人、日本浪人、朝鮮人、荷蘭人、葡萄牙人以及非洲奴隸——而他們都在領導者一官的指揮下，有條不紊的扮演各自的角色，執行任務。現在，一官海上事業的總部，已經由日本的九州，遷回到他的中國故鄉。北起日本，南到呂宋與麻六甲，在遠東的海面上來去穿梭的，幾乎都是張掛著一官旗幟的商船。來往商船繳納的過路費，使得一官黨的財源充足，不虞匱乏。

是的，你想的沒有錯。上面這兩段，講的是同一個人。尼古拉同時就是鄭芝龍，一個受天主教浸禮的媽祖信徒，是大明福建總兵大人，同時也是鄭氏國際海洋貿易與保全（簡稱海盜）股份有限公司的董事長兼總經理。從有政治眼光的商人，搖身一變成爲具有商業頭腦的政客，鄭芝龍用他的海上事業規模，非常成功的詮釋了什麼叫做政商轉型。

崇禎十七年（一六四四年），在北京的崇禎皇帝上吊死了，隔年在南京成立的弘光小朝廷被打垮了，於是在福州的鄭芝龍兄弟發了——他們擁立宗室唐王朱聿鍵，成立新政府。鄭芝龍被封爲太師，掌握軍政實權，其子鄭森賜姓國姓，這下子鄭氏公司還掛上中央政府的招牌，更加閃亮了。看來政局動盪，不但沒有影響鄭董事長兼總兵的事業，似乎還讓他攀向了人生最高峰。

可是，高峰再往前踏進一步，就是萬丈深淵。

從海寇、海賊王，到總兵、太師或者侯爺（受封南安侯），不管頭銜換成什麼，我們尼古拉·鄭的商人本質是不會改變的。對於成天叫嚷著要北伐收復失土的隆武（唐王年號）政權的獲利前景，他是看壞的；至於非常陌生，卻不斷派人過來遞送合作企劃案的大清企業，我們鄭董是挺有興趣的。爲了家族企業更長遠繁榮的未來（許以三省王爵，永鎮閩省），哪怕成交的可能性實在不高，他也要奮力一搏。

順治三年（一六四六年），鄭董事長只帶著少數幕僚到清軍營帳談判合作增資案，清軍統帥貝勒博洛背諾，把他和隨行人等遣送京師。沒有鄭董支持的隆武政權，隨即土崩瓦解，鄭氏企業底下的各個大股東們，或者跳槽（投清），或者逃往海上，鄭氏海洋王國，也宣告解體。

有人說鄭芝龍被騙才會降清，在我看來，富有冒險進取精神的鄭董，在出發之前，必定了解此行的風險，投身北去，他必定無悔，況且，他也不是全無準備。

大清順治十八年十月，被控仍然和南明勢力暗通款曲的鄭芝龍，遭輔政大臣蘇克薩哈處死於北京菜市口。這個有著多種面目和身分的閩南人，最後的結局，只有這一種說法。

半個閩南人：鄭成功

之前我們說鄭芝龍就算是投機豪賭，不可能不留有一手。他所保留中興家業的後著，就是弟弟鄭鴻逵與長子鄭森。這兩個他刻意栽培的人才，一武一文，都刻意被排除在他和清方的談判之外。

鄭鴻逵，本名芝鳳，在兄長安排下，崇禎年間考中武進士，北京被流寇打下來的時候，鄭鴻逵擔任錦衣衛指揮、鎮江總兵，在杭州遇見了往南逃難的唐王朱聿鍵。正是他說服老哥鄭芝龍，擁立唐王當做政治招牌，因而有功被封爲定國公。他也統轄了一部份鄭氏海上企業的保全武力。面對兄長被滿清挾持北去、隆武政權崩解的大變亂，鄭鴻逵雖不願跟著降清，卻也有過遲疑，眞正影響他堅定意志繼續抗清的人，是他的大侄子、芝龍的長子鄭森。

鄭森，幼名福松，出生於日本肥前國平戶藩（今平戶市），母親是日本人田川氏，福松和他的親弟弟田川七左衛門（過繼給田川家）的童年，在日本度過，所以說他是半個閩南人。鄭森本來是鄭家由經商從文官，從泉州邁向北京的關鍵人物：十四歲考中秀才，二十歲到南京國子監（國立大學）深造。鄭同學的學習表現很好，他的指導教授錢謙益爲了勉勵他做國家的棟樑，給他取了個字，叫大木。

順便介紹一下，這位錢謙益老師，東林清流，文壇領袖，從大明萬曆年間一直活躍到大清康熙初年，現在人可能不太熟悉，在當時錢教授可是響噹噹的一號話題人物。明朝滅亡時，和紅顏知己柳如是相約投湖自盡，卻嫌湖水冰冷不敢跳的，就是我們的錢老師。

福州政權成立，鄭森見到了唐王朱聿鍵，這位靠著鄭氏企業上台的皇帝，頭次見面，立刻就賜鄭森姓朱，改名成功。這個動作雖然不無討好鄭董事長的意味，我們的鄭森卻確實感受到皇上對他的賞識和看重，一種信念在他的心胸裡油然茁壯。

好了，現在起該叫他鄭成功了。

我還記得電影經典《教父》裡面有這麼一幕：年邁退休的教父，對著接班的小兒子麥可感慨的說，我怎麼樣也沒想到，最後是你來接手家族事業（黑手黨），我以為你將來會當上眾議員、州長、甚至白宮的主人。我不曉得後來被軟禁在北京的鄭芝龍，在想到他悉心栽培的長子時，會不會也有類似的感觸：兒啊，為父曾以為，你會是兩榜進士，會是兵部主事，會是禮部侍郎、太常寺卿，會是文淵閣大學士。可是現在的你，卻在閩海沿岸，孤獨地流竄。

鄭董事長決定要放棄獲利前景不高的隆武政權的時候，遭遇到鄭成功的激烈反對，鄭成功不能了解他老爸投機降清的行為，氣得要命，鄭芝龍同樣也氣得要命，當年百般設法，好不容易才送兒子去南京深造，讀聖人經典，怎麼就栽培出一個冥頑不靈的逆子！

其實鄭芝龍並沒有料到，他在栽培鄭成功往官場邁進的同時，無意間也將一個信念的種子栽植在兒子的心中，後來，鄭成功的所作所為，都是為了秉持這個信念而奮鬥，其中當然包括了他後來百折不回、賭上所有家族事業本錢投注在東南沿海的抗清事業，也包括了後來他東渡台灣，打敗荷蘭人，另闢抗清新天地的作爲。

在今天，他因爲這些作爲，被叫做民族英雄。

但是在當年那個還沒有所謂民族主義、統獨史觀論爭的時代，民族還不存在，英雄還未造就，只存在有一種高貴的信念，叫做節操。

這種信念，鄭芝龍沒有，因爲他所關切的，只是獲利的前（錢）景，以及家族事業是否能夠永續經營、昌盛。

楊英風先生雕塑的鄭成功像裡，透露出一種孤獨至極的極致堅持。（王御風攝影）

這種信念，吳三桂也沒有，因爲他關心的，是膚淺的利害與切身的安危。他看到的，只是眼前的榮辱。

這種信念，錢謙益以爲自己有，也教給了他的學生，但是從他腳掌碰觸冰冷湖水的那一刻起，就知道自己無法忍受因爲堅持信念而帶來的身心煎熬。

而這種節操，鄭成功有。

他把唐王賜給他的姓氏和名字，當作一生的榮耀印記，以致於當時的西方人誤把閩南語發音的「國姓爺」（Koxinga）當成是他的姓名。

他把父親的投機、母親的慘死（移居南安的田川氏在清軍來犯時自盡）、唐王的死難（欲出走江西時遭清軍俘虜，不屈而死）、部將的背叛（黃梧投靠清方，建議挖掘鄭氏祖墳），都當成是燃燒鬥志的怒火，像一把光亮的火炬在閩江台海，昭告世人：就算所有人都離棄我，我會繼續堅持下去！

如果各位有興趣，可以到台南延平郡王祠，瞻仰由楊英風先生雕塑的鄭成功塑像，或者是去台北市的國立台灣博物館，端詳該館所收藏的鎮館之寶——鄭成功畫像，你會感受到英雄挺拔之氣底下，油然而起的，是一股孤獨與蒼涼。

是的，我很孤獨，也很痛苦，但是我從來沒有後悔走上這條路！

永曆十六年，也就是康熙元年（一六六二年）六月二十三日，在獲悉父親遭處死的悲痛裡，在兒子鄭經與乳母私通的道德醜聞裡，在來台將士惶恐不安的情緒裡，在新開闢一切草創的東都承天府（今台南市），鄭成功痛苦不堪的死去了。可是他一生，在孤獨的絕境當中堅持到底的信念，後來連他的敵人都深爲感動。這位高居九五之尊的敵人非常清楚，要貫徹這種信念，其中所必須經歷的孤獨與困苦，而正因困苦孤寂，所以高貴。他的皇朝，也需要這樣的信念。

「朱成功係明室之遺臣，非朕之亂臣賊子。」——愛新覺羅・玄燁

第三個閩南人：鄭經的兩國論

鄭成功過世後，在台灣的將領們，擁立他的同父異母弟鄭襲繼承延平郡王之位，因而引發了鄭氏內部在金門、廈門與台灣之間的繼承權內鬥。最後，惹得鄭成功非常不高興的長子鄭經（清方紀錄中，稱他爲鄭錦）勝利，來台榮登延平郡王寶座，在當時稱爲「世藩」。

現在讓我們把鏡頭轉回到康熙皇帝親政之後的北京。皇上您也等得夠久了。說起來，康熙對台灣的態度，和對待三藩不太一樣，清軍武力翅膀還不夠硬的時候，他是盡量主張談判議和的。

這說來也不奇怪，因爲清軍八旗鐵騎雖然在華北平原作戰所向無敵，在東南沿海可就大大不行，尤其是這些來自松遼平原的漢子，要他們上馬打仗是十分樂意的，要他們上船水戰是萬萬不行的——還沒看見敵人，一個個就先被暈船打垮了。所以清朝水師只能以鄭氏的降兵降將爲主力，但是這些福建廣東的水手們也不笨，儘管換了老闆，都明白兔死狗烹、鳥盡弓藏的道理，並不眞的下死力和鄭軍作戰。於是，即便滿洲統帥在後面喊得聲嘶

力竭，前線的兩方（彼此都是熟識的福建人）打得是不疾不徐，而且絕不趕盡殺絕。

於是在收拾鰲拜以後，康熙一面籌畫著對付三藩，一面也派人和東寧（當時台灣的名稱）談判。康熙八年，皇上派刑部尚書明珠（請記住這個人）到福建泉州，會同兵部侍郎蔡毓榮（後來的湖廣總督）、靖南王耿精忠等人主持對鄭經談判。這幾位大臣商量以後，派出一名文官（知府）和一名武將（都督僉事）渡海到台灣去「招撫」。

而在鄭經這一邊，爲了回承天府搶奪王位爆發的內鬥，元氣大傷，很多挺錯邊因而得罪「錦舍」（鄭經的外號，請用閩南語發音）的將領，紛紛投靠清方，甚至造成東寧這一邊丟失金門、廈門兩個在大陸沿海最重要根據地的慘痛後果。所以，爲了爭取時間，恢復實力，鄭經也同意和清朝談判。

前額剃光、後腦勺拖條辮子的清朝談判代表一路暈船到了承天府，他們的談判對手，是留著長髮、束起髮冠的鄭方代表柯平、葉亨。柯、葉兩名代表說：我們世藩的意思是，台灣願意當大清的藩屬國，按照朝鮮的例子，繼續穿著明朝衣冠，每隔幾年去北京送些台灣水果名產讓皇上品嘗（照朝鮮事例，不削髮，稱臣納貢）。

清朝代表回答說，你先剃頭，表示誠意，其他的一切好談（削髮歸順，自當藩封）。鄭經把臉一沉，表示：那沒辦法，我就是不想剃頭，談不下去了，兩位請回。本回談判結束。

得到消息的明珠等人把談判結果呈報回朝廷，康熙指示，只要鄭方願意削髮歸順，可以允許他們繼續治理台灣，中央絕不派人干涉指導（好熟悉的說法）。至於鄭經拿朝鮮這個例子來比台灣，恐怕不恰當，因爲台灣眾人「皆閩、粵之民」，和朝鮮不同，鄭經要願意接受清朝的中央地位，就必須和內地留同樣的辮子、穿一樣的服飾。

第二回合談判由清方主辦，在泉州展開。明珠向鄭方代表表達了皇上的最新指示，只要鄭經肯削髮投順，朝廷願意讓台灣維持現狀（從彼意，允其居住）。鄭方表示，那請貴方派代表跟我們回東寧聽世藩怎麼說吧。鄭、清兩方代表又搖搖晃晃的渡過黑水溝，回到承天府，鄭經說：什麼？要本藩剃頭？死也不答應（若欲削髮，至死不易）。康熙得報後研判：鄭經一直在剃髮問題上面找碴，似乎是在拖延時間，沒有談判的誠意，於是將明珠、蔡毓榮等人召回北京。本回合談判，再次在搖搖晃晃渡過海峽的空檔中破裂。

鄭經的確是吃定康熙這時有三藩這個後顧之憂，沒辦法全力對付台灣，況且，鄭氏國際海盜企業自從鄭成功在荷蘭人手裡拿回台灣以後，一度蕭條的海洋貿易又再次大發利市，各條航路收取的過路費、與東南亞、日本等地的貿易往來，以及和大陸沿海走私所賺取的利潤，可以購買糧食、充實軍備；從政治上來說，鄭家本來就有永曆皇帝冊封的郡王爵位，投降康熙也不會再有更高的爵位封賞，說起來，清方提出的條件，的確對鄭經沒有太大的吸引力。

「今東寧遠在海外，非屬版圖之中，東連日本，西蹴呂宋（菲律賓），人民輻輳，商賈流通。王侯之貴固吾所自有，萬世之基已立於不拔。」這就是鄭經的兩國論。

雙方談判這一破裂，匆匆幾年就過去了。到了康熙十三年，忙著造反的吳三桂老爺和富二代耿精忠不約而同的都想起了鄭經，派人到台灣約好一起出兵反清。鄭經得報後非常高興，認爲反攻大陸的機會到了，於是任命勇衛（官名）陳永華爲東寧總制，留守台灣，自己帶著劉國軒、馮錫範兩員大將，率領兩萬多名士兵上船，往福建沿海進發。

在這裡順便跟各位賢明的讀者報告：正如大家所見，陳永華是被鄭經留在台灣看家的，大概沒機會拖著條假辮子在大陸各地跑來跑去，然後收韋小寶進天地會。而我們的鄭克塽公子這時才七歲，馮錫範則忙著陪鄭老闆打仗，想必也沒心情練什麼「一劍封喉」的招數。

得知鄭軍在廈門登岸的耿精忠，派了手下一名將領去觀察，將領回來後，向耿少爺報告，說他見到廈門「瓦礫滿地，茅草盈野」，而且鄭經帶來的「兵不滿兩千，船不過百隻」，一群老弱殘兵，蹲在岸邊喘。耿精忠聽後非常後悔——之前他擔心福建各地難以搞定，特地約鄭經前來助拳，條件是讓鄭經分得漳州、泉州；沒想到，他起兵造反不久，只派了若干使者恐嚇加利誘，幾乎就拿下全省，於是我們耿王爺決定毀約，當鄭經派來使者，質問「說好的城池呢？」他蠻橫的表示：想要漳州、泉州？你想得美（各地分守，毋作妄想）！

說耿少爺腦袋欠根筋，實在是沒有冤枉他，耿大少也不想想，廈門的鄭軍之所以只有兩千人不到，是因爲精銳士兵早就上船出發，要來接收城池了！得到耿精忠「門都沒有」回音的鄭經，當即勃然大怒，你不給，我就自己來拿！於是以劉國軒爲主帥，連下漳州、泉州、同安、海澄等城，還順帶打下潮州、惠州當作紅利。

就在這個鄭方聲勢大振、耿藩暈頭轉向的時候，康熙已經把鄭經勢力，當成是福建、廣東戰線的主要進攻對象。康熙十五年，兩邊不是人、被揍得像豬頭的耿精忠，很沒有骨氣地向康熙投降，幫著清朝一起打鄭經。到康熙十六年（一六七七年）時，遭到清、耿兩邊夾擊的鄭軍，丟失了先前打下的閩粵各府，只能扼守海澄、廈門等地。同年八月，主持福建戰線的清軍最高指揮官康親王傑書，奉命向鄭經提出雙方和談以來最爲寬大的招撫條件：只要鄭經願意率部回台，讓出廈門和沿海各島嶼，朝廷願意考慮，讓東寧「以朝鮮事例，稱臣納貢，通商貿易。」換句話說，假設清鄭雙方都同意這項條件，鄭經的兩國論很可能就會實現。

鄭經方面，派出了馮錫範代表回應。馮大將果然不負一劍無血之名（？），才講幾句話，就讓清朝方面整個無言（氣得說不出話）：

「要我們停止軍事行動，讓人民休養生息，就先給我軍足夠的糧食和銀兩吧（資給糧餉）。至於讓出島嶼，免談。」要你退兵，你還要我先付頭期款給你，談得下去才有鬼。

既然談不成，再打吧。康熙十七年九月，鄭軍在劉國軒率領下，和清兵大戰於漳州，最後鄭軍不支敗退。這時康親王傑書派人到廈門，對鄭經提出最後一次的和議條件：從大陸退兵，朝廷允許你不削髮、按朝鮮例進貢稱臣。

鄭方代表馮錫範回答說：其他島嶼可讓，廈門不可交出；還有，清朝必須將海澄交給我方管理，作爲貿易通商城市。最後一次談判，就這樣破裂了。

康熙現在總算明白了，鄭經這個少爺，和耿精忠、尚之信他們，是有些不一樣的。他表面上願意和清朝談判，但是實際上他和老爸鄭成功很像，對於恢復明朝，是抱著某些堅持或者信念的。什麼按朝鮮事例，什麼堅決不剃頭，什麼海澄通商，無非都是推託之詞。好吧，既然你敬酒不吃，我就強灌罰酒吧！

康熙十九年（一六八〇年）初，幾番激戰以後，新組建起來的清朝水師拿下了鄭經在福建沿海的幾個重要據點。五月，清軍攻佔廈門，鄭軍將領朱天貴等率官兵及眷屬兩萬餘人投降，鄭經敗走台灣。收到捷報的康熙皇帝，開始思考攻取台灣。經過長達一年的衡量，康熙決心公開心目中擔任攻略澎湖、台灣的預定主將人選，這是他暗藏多年的一張王牌。

請登場吧，施琅老將軍！

第四個閩南人：施琅

康熙二十年（一六八一年）七月二十八日，皇帝玄燁正式下詔：著原任右都督施琅，即以原職充任福建水師提督總兵官，加太子少保銜，佩靖海將軍印，前往福建，與該省總督、巡撫、將軍等商議進取澎湖、台灣事宜。

跪接聖旨的施琅，內心一陣激動。爲了這一刻，他等了足足十三年之久。

施琅，字尊侯，號琢公，福建晉江龍湖鎭人，本來也是海盜出身，後來在鄭芝龍的海上過路收費大隊找到工作（福建水師左衝鋒）。施琅比鄭成功大上三歲，兩人可能在年輕時就結爲好友。鄭老董投降清朝時，留在福建的施琅一度也跟著剃髮歸順，不過當鄭成功在鼓浪嶼豎起抗清旗幟、開始招兵買馬以後，他又跑回鄭成功的身邊效力。由滿清遺老撰寫的《清史稿》，說施琅是因爲自己和家人都被鄭成功抓住，不得已才幫他作事（成功執琅，並繫其家屬）。這很明顯是罔顧事實，因爲鄭成功後來能夠從堂叔鄭聯手上拿下廈門，就是靠著施琅主動謀劃與獻策奏效的。從這裡面也看得出，施琅受到鄭成功重用的程度。

不過施琅和鄭成功這對拍檔，他們的長處同時就是致命的缺陷——他們都是個性激烈的人，恩仇分明，翻臉成仇也極快。在三十多歲的這段青壯創業期，鄭軍大將施琅充分的學習到國姓爺的做事原則：要嘛不做，要做就做絕。

就是這樣的態度，最終導致了這對好友翻臉成仇：施琅對鄭成功身邊的手下曾德有意見，找了個機會殺掉曾德。等到鄭成功想要過問這件事的時候，曾兄人頭都已經落了地。這件事情算是兩人正式翻臉的引爆點。之前，他們已經因爲性格同樣都過於偏激而屢屢發生衝突。被徹底惹惱的鄭成功，立刻發揮「把事情做絕」的精神，派兵抓了施琅的老爹施大宣和弟弟施顯，也是二話不說，馬上砍掉。和鄭氏有了殺父殺弟之仇的施琅，一咬牙，剃光了前額頭髮，再度奔往清營，投降去也。

滿腔仇恨的施琅，一心想找鄭成功報仇雪恨。開始時，他在福建水師中擔任副將，順治十三年時，曾經在福州附近和鄭成功幹了一仗，擊退鄭軍。後來他又升任總兵，守備同安（今廈門市同安區）。

順治十八年，鄭成功東征，從荷蘭人手中奪回台灣，作爲新的抗清根據地，但是不到一年就過世了。知道仇人已死的消息，並沒有讓施琅仇恨的怒火就此熄滅。因爲熟悉鄭氏內部情況以及水師戰法，康熙元年時，施琅又被拔擢，擔任福建水師提督，等於是和鄭軍作戰的主將了。施琅探知鄭成功死後，鄭經與叔叔鄭襲發生內鬥，導致內部實力耗損的情況，一再向朝廷申請，要求出兵攻擊台、澎，朝廷卻未置可否。

我相信，在無數個難眠的夜晚，站在濤聲拍岸的海邊，施琅必定是一次又一次的在內心吶喊著，攻下台澎，報仇雪恨！鄭氏殺我父屠我弟，此仇不報，我施琅怎麼能苟活在世間！

於是，急著報仇的施琅，就成爲清朝福建水師當中的異數：水師官兵幾乎都是鄭軍投誠人員組成，面對昔日的戰友今日的對手，大部分人都完全遵守海上對抗活動的守則：性命安全最重要，小心注意莫受傷。每逢作戰，整條戰線雖然也射箭放砲，不過意思到了就好。就只有我們的施提督大人，破鑼嗓子喊得震天價響，座艦不要命的直往鄭軍敵艦撞過去。

康熙三年七月，朝廷終於答應施琅所請，封他爲靖海將軍，編練主要由投誠官兵組成的水師，預備從廈門、銅山（今漳州市東山縣）等地出發，征討台灣。十二月，全軍訓練編組完成，浩浩蕩蕩起錨出海。

結果，遇到颱風，船隊逆風難以前進，退回來了。

康熙四年三月，不死心的施琅再次出發，第二次征討台灣。不料此行仍然是相當不順利：先是整個洋面平靜無風，大軍在金門料羅灣待了一連好幾晝夜，等待南風，接著，當四月十六日，施琅好不容易率船隊抵達澎湖海面時，颱風又來了。施將軍鐵了心要克服萬難，於是命令所有船艦，迎著逆境，衝向風雨！勝利必定是屬於我們的！

結果，勝利是屬於大自然的。施琅船隊和颱風硬拼的下場，是被洶湧的海浪以及無情的暴風，吹得七零八落，潰不成軍。連施琅本人的座艦，都從澎湖外海一直往南漂流到廣東潮州，他只好等待風雨稍停，沿路收拾殘兵敗將撤回去，損失非常慘重。

兩次率兵征討台灣都被颱風打敗，朝廷裡要施琅下台負責的聲浪大起，加上台灣方面趁機放出謠言，說施琅是內應，故意帶著軍隊往颱風裡送（這點其實也不能算全錯），於是康熙七年時，玄燁把施琅召回北京，親自接見，詢問他對台灣和戰的方針。施琅本著他對鄭氏內部情形、以及台灣地理環境的了解，知無不言，言無不盡，向皇上慷慨陳詞，仍舊主張即刻發兵，攻取台灣。（賊分則力薄，合則勢蹙，台灣計日可平）

可是，當他結束陳詞，抬起頭來看見的，是康熙那懷疑的神色，以及仍有顧慮的目光。

皇上，即使知道鄭氏於我有殺父之仇，你仍舊不相信我嗎？施琅在心中無言地問道；施琅啊，朕還不能夠完全信任你，再說，如今三藩方是禍根亂源。十五歲的康熙，在心中默默的盤算著。

就這樣，施琅被撤除水師提督職位，調爲內大臣，掛個榮譽職（右都督），展開了在北京十三年的「賦閒」歲月。這位滿口閩南腔，連「你、我」都會發成「泥、偶」的水軍將領，離開了舟船，離開了大海，在北京官場被看成「海逆」的餘孽、內應，到處吃閉門羹。內大臣是一個閒差，沒有差事也沒有辦公室，薪俸少得可憐，施琅全家必須努力從事家庭手工業，自製自銷，有時還兼小盤批發，才能熬過一年又一年的寒冬。

十三年有志難伸、有仇未報的日子，其中那種孤獨、痛苦和煎熬，不是我們可以體會的。我們所知道的是，這十三年的光陰，把當年縱橫閩江、凡事做絕的激進施琅，狠狠的磨練成一位深沉內斂的老將軍。他一次又一次的回憶前塵往事，思考進兵策略，然後等待時機，等待康熙的召喚。

就這樣，一直等到康熙二十年七月二十八日這一天，施琅才又重新回到了歷史的聚光燈下。

其實，施琅之所以能重新復出，再戰江湖，靠的是前面提過的明珠，與另一位閩南籍大臣在康熙面前的大力推薦。有鑒於這第五位閩南人稍後還有不少戲份，在這裡我們只讓他登場客串一番，他的名字是李光地，時任內閣學士。

當康熙得知鄭經已於正月病逝的消息以後，知道台灣內部一定會發生變動，於是分別召見明珠和李光地兩位大臣，詢問兩個問題：出兵征討台灣的時機是否適當？以及，應該派誰擔任攻台主將？明珠是個順著皇帝想法走的人，當即表示：皇上英睿決策，至爲妥當，臣等無有不遵。

李光地卻向康熙大力推薦：主將人選，非用施琅不可。他說，施琅和鄭家有殺父之仇，「其心可保」，不可能叛變投敵；況且施琅「熟悉海上（指台灣）情形，亦無有過之者」，尤其他有勇有謀，向來爲台灣所忌憚，如果要出兵，施琅是最佳主將人選。康熙聽罷，把身子往前一探，問道：「然則此時可用兵否？」李光地大聲肯定地回奏：「我聽說鄭錦已死，軍師陳永華亦死，此其時矣！」於是康熙拍板定案，施琅就此踏上征途。

出擊！目標澎湖灣！

康熙二十年十月，重回福建前線的老將施琅，興沖沖的走馬上任。不過，滿懷壯志的施老將軍，可能高興得還太早了點，因爲當時他所面對的，是和他主張看法大不相同的閩浙總督姚啓聖。

姚啓聖，浙江會稽人，康熙十七年（一六七八年）受命以兵部尚書銜，出任閩浙總督一職，當時在福建，造反的耿精忠已經再次投降，因此姚總督的首要軍事任務，就是要面對仍然盤踞沿海島嶼的鄭經勢力。可是，有鑑於福建戰亂才剛平息，姚啓聖主張，短期內不可再次用兵，對台灣應該以和平談判爲主，軍事恫嚇爲輔。而對於海上用兵的時機，姚總督認爲，乘冬天有北風時出兵最好，如此有多次機會，能夠打擊敵人。

以上主張，沒有一樣不和施琅的觀點衝突。對於台灣，施大人一直主張以軍事打擊爲主，和談招撫攻勢爲輔；至於出海時機，施將軍要的是夏季的南風——這樣一來，清軍水師才能處於順風之勢（居上風上流，勢如破竹）。而興高采烈回到福建的施琅，並不是一個人說了就算話，康熙的原意，是要他和福建巡撫吳興祚、將軍拉哈達等人「商議」對台用兵。但用不著商議，這些軍政高層們，都早就擺明和總督姚大人站在同一邊，施琅顯然處在弱勢。

於是，打從施琅重回福建水師提督任上後，康熙的御案上，就開始一封接一封的遞來姚啓聖與施琅的吵架奏摺：施琅上奏，臣認爲鄭軍內部衰弱，正是用兵好時機，請皇上下詔，准臣全權籌備指揮；姚啓聖上奏，臣認爲施琅所奏有欠考慮，目前所行對台灣的和平招撫，相當有成效，應該繼續執行；況且，施琅是「海上舊人」，就算要征討台灣，也應讓他姚啓聖「親率舟師剿滅台灣，永除後患。」施琅上奏：姚總督雖然有才幹，但是「生長北方」，「汪洋巨浪之中，恐非所長。」姚啓聖馬上就罵回去：奇怪了，我在船上從不暈船，施琅又「何以知臣毫無所長？」……

就在這個督臣（姚啓聖）與提臣（施琅）相爭不下的同時，被吵煩的康熙皇帝，展現出作爲領導人最可貴的特質，也就是精準的判斷和決斷力。經過徵詢多位大臣意見之後，明珠和李光地再度力挺施琅。於是，康熙決定，讓姚啓聖則留在福建，主管征台的後勤運輸事項，而下詔由施琅單獨負責領導軍事戰鬥（施琅相機自行進剿，極爲合宜）。

分清指揮系統以後，接下來就是出兵台灣的時機了。但是坐在紫禁城裡等待戰報的康熙感到很納悶，因爲施琅遲遲不發兵出海。康熙甚至還曾在奏摺中發過脾氣，指責施琅，一下以等待北風爲由，不願出兵，一下又以「北風過硬」，無法出兵，結果是日日月月繼續蹉跎，清軍水師卻仍舊按兵不動！可是渡海作戰，畢竟是大規模軍事行動，半點魯莽不得，既然已經授權施琅尋找出兵的時機，康熙決定相信專業，繼續耐心等待。

康熙二十二年六月十一日，施琅眞正在等的南風已到，於是他在銅山誓師，率領兩萬多名官兵、一百七十餘艘大小戰船，浩蕩出發，目標直指澎湖！

鏡頭轉到台灣這邊，當時的東寧才剛經歷過一場領導權政變：鄭經原來指定的繼承人鄭克壓被殺掉，手握兵權的劉國軒、馮錫範兩人擁立當時才十二歲的鄭克塽當名義上的領導人。劉國軒透過情報網，當然也曉得施琅已經重回福建前線，並且大舉調動舟船的消息，於是挑選精兵快船，前往澎湖佈防。可是，劉國軒的心底，還是不相信同樣了解海象的施琅，會選在南風盛行的夏季進兵。

因爲即使清兵水師占了順風的優勢，還有一個不可測的變數，很可能會讓施琅攻台大軍，像康熙四年那樣漂回廣東海面。這個變數，是人類到了二十一世紀，仍然無法克服的大自然終極武器，學名：熱帶氣旋，俗稱：颱風。

但是這一次，颱風不再擋路。六月十六日，施琅船隊終於順利抵達八罩島（今澎湖望安）海面，劉國軒在娘媽宮（今澎湖馬公）坐鎮，派兵迎戰。鄭軍毫不客氣，帶隊大將如林陞、江勝、邱輝等帶著船隊馬上向前殺去，施展出鄭家傳統水戰必殺招數「圍船放火」——以吃水較淺的快船切入，圍繞清兵大艦，施放火銃。清兵猝不及防，加上這時候風向紊亂，整個組織體系被打亂，劉國軒見狀，連忙命令主力船隊圍攻施琅的座船，清兵為了搶救主帥，拼命反擊，戰況激烈異常。施琅本人的右眼被火銃擊傷（好在並未失明），而先鋒大將藍理帶船衝擊包圍圈時，史書稱「炮中其腹」，腸子都流了出來，他竟然在簡單包裹之後，繼續指揮作戰（都成藍波了）。由於雙方激戰時，鄭軍前線指揮官林陞也被清兵擊傷，以致於讓施琅、藍理等人殺出包圍，退回外海整頓。

經過五天的休整，施琅於六月二十一日帶領船隊，分兵三路向澎湖發動總攻。這一次，施琅不再隱藏實力，命令全軍使出他苦思十多年、專剋鄭氏海軍的戰術「梅花陣」！這種戰術，充分發揮清兵水師船隻較大、數量較多的優勢，以五艘（或更多）清船包圍一艘鄭軍戰船，然後施放火器，困不死你也燒焦了你。

雙方再度開戰，一時之間風向對清兵不利，鄭軍火炮齊放，清方總兵朱天貴（原鄭方投誠人員）中炮陣亡。沒想到天候驟變，改吹南風，被清船圍困的鄭方快船不能繼續施放火器，無計可施，於是全軍潰敗。在天時地利都不幫忙的情形下，鄭軍仍然勇敢奮戰到最後一刻：江勝帶船往來衝殺，被火炮擊中陣亡；邱輝被清船圍困，彈盡援絕，他拒絕清兵的勸降，放火燒船自焚殉難。這一仗打完，海面上漂浮著數千具清、鄭雙方士兵的屍體，鄭軍精銳死傷殆盡。劉國軒見情勢不妙，放棄澎湖，帶著幾十艘船退回台灣。施琅登陸占領娘媽宮，清兵戰勝！

接下來的一個多月當中，施琅在澎湖按兵不動，派人到台灣招撫鄭方官兵；台灣這一邊則人心惶惶，慌亂不安。馮錫範向施琅派來的人表示：我方願意削髮稱臣，希望能讓我們繼續治理台灣。

施琅這邊回答：不行。允許你稱臣自治，這是以前的條件，如今貴方既已戰敗，更不能討價還價。

馮錫範又向六神無主的鄭克塽等人建議：不如我們放棄台灣，攻打呂宋吧！這個時候，親眼見識過清兵火力，而且手握兵權的劉國軒出來講話了。他說，罷了，還是投降（就撫）吧。

於是就有了本章開頭的那一幕：八月十八日，施琅踏上了台灣的土地，接受鄭克塽的投降，台灣併入大清帝國的版圖。

鄭家子孫害怕施琅為了報父親、弟弟被殺之仇，會大開殺戒，可是，施琅並沒有這麼做。二十餘年的失敗與挫折，讓當年那個激烈操切的勇將施琅，慢慢轉變成了審慎有謀略的大臣施琅。他一到台灣，立刻宣布保障所有軍民的生命財產安全。

在鄭成功廟前，親自前來祭奠的施琅涕淚縱橫：藩主啊，我以前的好兄弟，二十餘年來我切齒懷恨的仇人，萬沒想到，今天和你是這樣相見，而我也萬沒想到，再見你時，心中卻已找不到對你的仇恨。

康熙二十二年八月十五，北京。

今天是中秋佳節，人在紫禁城養心殿翹首盼望戰報的康熙，收到了施琅從前線遞來、澎湖決戰告捷的快報。他回想三藩亂起以來的這十年，兵馬倥傯，軍事旁午，從來不敢有懈怠。一時之間，他感慨萬千，詩思泉湧，便揮毫寫了下面這首詩：

明月中秋節，馳書海外來；自今天漢上，萬里煙雲開。——愛新覺羅・玄燁

既然台灣收入大清版圖，康熙正想召群臣來商議，該怎樣規劃行政體制、該派誰去主持行政事務呢？這個時候，他收到一封奏摺，這是一封對於決策具有影響力的奏摺，因爲起稿人既是推舉施琅擔任征台主將、又支持讓他單獨帶兵的大臣。更重要的是，該大臣籍

貫閩南，現在也正在閩南。

「台灣隔在大洋之外，聲息不通，小有事則不相救，使人冒不測之險為其地之官，亦殊不情。」——李光地。

第五個閩南人：李光地

在討論要不要出兵攻打台灣時，清朝內部就有和與戰兩種主張；現在台灣打下來了，朝廷中又有人出來建議：放棄台灣，把居民（指的主要是渡海屯墾的漢人）全部遷回內地，繼續從前為了防堵鄭氏而執行的禁海令，如果荷蘭人還是西班牙人對台灣有興趣，讓他們去住好了，咱們天朝是大陸上的國家，不需要爭這座東海上的小荒島，當房東收收租金就行了（空其地，任夷人居之，而納款通貢，即為賀蘭所有，亦聽之）。稍微折衷一些的主張，也認為不該派遣官兵到台灣治理，只需要守住澎湖群島即可。

站在相反的立場，朝中另有一批大臣，從台灣的戰略重要性著眼，認為辛苦打下的地方，今日輕易放棄，日後想要再從夷人還是海盜手上收回來，必須要花上更多的成本，所以他們主張，將鄭家的官員、眷屬，以及明朝宗室遷回內地安插，在台灣設立府縣，派遣駐軍，進行統治管理。

而兩派的支持者，組成的陣容有一些改變：親自帶兵渡海、澎湖一場血戰逼降台灣的施琅，當然是主張治理台灣的鐵桿成員；而原來推薦幾乎在北京養老的施琅重返前線，又極力建議讓施琅獨自帶兵攻台的李光地李大人，這回則和施老將軍分道揚鑣，站到了放棄台灣的那邊。

兩派意見都只是建議，眞正有權拍板定案的，只能是我們這位高居九重、萬幾宸翰的康熙皇帝。他很快就作出決定：台灣不可放棄，必須派官治理。於是，康熙二十三年（一六八四年），朝廷宣布：台灣隸屬福建省，設一府（台灣府）三縣（台灣、鳳山、諸羅），鄭氏家族和明朝宗室等，遷回內地，在河南、直隸等省安插。率眾投降的鄭克塽封爲海澄公，編入漢軍正紅旗，移往北京居住；力主投降的劉國軒授職天津總兵。首任清朝駐台最高文官，四品台灣知府蔣毓英（奉天籍漢軍旗人）於同年到任，台灣正式進入了長達兩百年的清治時期。

雖然不少歷史學者現在已經形成一種看法，認爲康熙皇帝決定治理台灣，是基於一種防堵叛亂的心態，作「最低成本的消極經營」，可是在這裡，我們還是要進一步的追問：一向採納李光地意見的康熙，爲什麼這一次不再言聽計從了？

關於這個問題，有些大陸作家認爲，這是因爲康熙皇帝看出了李光地的大地主階級本質，經營當時尚屬開創階段的台灣，需要福建物資財源的接濟與挹注，而這些負擔，必定會落在福建地主仕紳的頭上，剛好我們李大人家裡就有不少田土，所以他才會主張放棄台灣，以免增加負擔。

這種解釋雖然看起來很有道理，可是後來遇到了另外一位大地主，也就是我們的施琅施老將軍，恐怕就難說得通了。總不能說，康熙採納施琅的看法，而不取李光地的主張，是因爲他想保障施地主即將到手的利益，而打壓李地主吧。

所以，我們要換個角度，從康熙怎麼看待李光地這位本章要談的第五個閩南人講起。首先，讓我們來看看「光地的故事」——官方版。

李光地（西元一六四二年—一七一八年），字晉卿，號榕村，福建泉州府安溪人氏，自小就是公認的天才兒童（幼穎異），康熙九年舉進士，名列前茅，擔任翰林院編修。放在今天，李光地的成績，相當於在拿到博士學位的同時，還國家高考及格。

康熙十三年，請假回家探親的李光地不幸遇上了耿精忠造反，他不但堅決拒絕了耿精忠要他在僞政權裡作官的邀約，還將福建叛軍的詳細情形，寫成祕密文書，封在蠟丸裡，祕密派遣家僕送往北京。這一次次用蠟丸送來的機密軍情，康熙皇帝全都親自批閱，因而對李光地的忠心非常感動，給予獎賞（上得疏動容，嘉其忠）。因此在耿藩敗降後，皇上特別要福建將軍拉哈達尋訪李光地下落，李在漳州見到了拉哈達，康熙封他爲侍讀學士。

康熙十九年，深受皇上賞識的李光地，由翰林院侍讀學士（五品）快速升官為內閣學士（二品）。剛從福建上京的李光地獨排眾議，向康熙推薦施琅，做為攻台主將。之後幾十年宦海沉浮，歷任翰林院掌院（文官學院院長）、禮部侍郎、直隸巡撫、吏部尚書、文淵閣大學士等職，可知李光地是一直獲得康熙重用的。李光地一生服膺理學，效法的是他的同鄉、南宋的朱熹老夫子（光地之學，源於朱子），立志要通曉四書五經的微言大義，存天理去人欲，做大清的道德楷模。有學者認為，他的學術路線，和潛心理學的康熙一拍即合，這也是他長時間受康熙賞識、聖眷不衰的原因之一。

雖然李光地確實是以道德楷模自許，不過，當時有很多人就不這麼認為，而直說李大人是個「偽君子」、假道學。這是怎麼一回事呢？

李大人的真面目

從上面官方版「光地的故事」裡，我們找到一些敘述上的時間縫隙，裡頭可是大有文章、大有故事。現在，敬請各位收看——「光地的故事之你不知道的李大人」。

開宗明義的說，我們的李大人並不是什麼立志要做道德楷模的學問家，他一心想當的是官，他想作的，是好官、高官、大官。

李光地十三歲那年，全家被山賊抓去，他歷盡艱辛才逃了出來（舉家陷山賊中，得脫歸）。這件事情在史料上的記載，就這麼寥寥幾個字，可是對少年李光地來說，那是刻骨銘心的遭遇，一定有極爲關鍵的影響，因爲在下面要說的故事裡，他的行事作風，實在很難不讓人推測，當年他在土匪窩裡，必定是遇上了什麼樣的悽慘待遇，才會養成後來他只顧自己前途地位的作風。

康熙十三年，耿精忠在福建造反了。許多當時在福建的休假官員、仕紳舉子走避不及，不少人的頭頂上，都被迫給安了個耿精忠派發的官職，當然也有寧死不屈的，比方說，福建莆田就有位舉人彭鵬，耿少爺找他做官，他硬是裝瘋賣傻，說自己有病，把牙齒都敲落，足足撐了三年，硬是不配合（佯狂示疾，椎齒出血，堅拒不從），耿大少爺拿他是一點辦法也沒有。

但是也有像李光地這樣的例子：李兄在耿王爺還沒找上他時，就自己興沖沖地跑到福州來觀望成敗，就在這個時候，他見到了同年錄取進士的福建同鄉兼好友，陳夢雷。

這就是一生前途被李大人踩在腳下當墊腳的陳夢雷，在本書的初次登場（戲分不多）。當然，當時的陳夢雷還不曉得他未來的坎坷命運。耿精忠同樣也派人來要他出任僞職，陳夢雷也同樣不知道造反的耿王爺，到底能不能成功。

正當陳夢雷被耿方的人逼得快沒辦法的時候，李光地找上了他，共同商量出了一個

「無間道」計謀：讓陳夢雷假意答應耿大少爺的邀請，打入叛亂集團內部擔任臥底，然後遞送出機密情報給李光地，由李轉交給朝廷。亂平之後，再由李光地出面證明，陳為朝廷臥底，蒐集機密情報。

陳夢雷，字則震，號省齋，福建侯官縣人，康熙九年進士，選入翰林院庶吉士，本來同樣也前程似錦。面臨變局，他踏出了大膽的一步：擔任臥底，雖說這個決定不無投機之嫌（要是耿精忠還眞的打出個局面來，他也可以否認自己的臥底身分），不過，他之所以願意深入敵營，最主要是基於一種眞誠的情感，這種情感，叫做信任。陳夢雷是讀書人，他相信好友光地兄同樣是讀聖賢書，朱子隔世傳人，必不相負！

俗話說「不怕神一般的對手，只怕豬一樣的隊友。」咱們陳書生算是栽在不明白這個道理上頭了。三藩之亂平定後，朝廷開始算帳，參加過叛亂組織的人員一個個被逮捕。當鎖拿欽犯的衙門捕快人馬來到陳夢雷的書齋前院的時候，他徹底驚呆了：光地兄，原來我們的約定，你一個字也沒有向朝廷提過！

而這一次陳夢雷面臨的，還不只是豬一樣扯後腿的隊友，更是落井下石的滅口殺手：他因為「附逆」而被判斬刑。在託人到處請求、請人代傳懇託，希望李光地能向皇上解釋而毫無回音以後（雖然這段期間，李光地在壓力之下曾兩度向康熙解釋，但只是更強調自己的角色與功勞），滿懷悲憤的陳夢雷顫抖著手，飽含著淚，寫下了〈與李光地絕交書〉：

你擔心我會分你的功，竟然就此湮滅事實、落井下石、見死不救（忌共事之分功，肆下石以滅口）！……回想十年來和你同窗論文的日子，好像是一場夢，人生的不幸，竟然到了這個程度嗎（人生不幸，寧有是哉）？

失去好友的信任，當然不能動搖咱們李大人努力做官往上爬的豪情壯志，在李光地繼續保持沉默下，陳夢雷眼看就要走向他人生的終點。還好，他的同年、當時的刑部尚書徐乾學願意幫忙，將斬刑改爲流放，陳夢雷就此遠竄奉天，直到康熙三十七年（一六九八年），東巡的康熙皇帝聽說他的故事，召見他，方才赦免回京，在皇三子胤祉主持的書房編輯圖書。命是保住了，前途是毀了，而他前任好友、道學家李光地李大人的名聲，也像斷了線的風箏、變了心的女友——回不來了。

爲了做官，不做朋友的李大人，自然繼續在官場上得意，然而有一種沉默的力量，叫做輿論人心，人心之所向，就是無形的投票，投票的結果，在康熙三十三年（一六九四年）揭曉。

這一年的四月，滿口格物致知、存天理去人欲，卻熱中做官的李大人，母親過世了。按照當時的規定，官員喪親，必須立即離任，回到故鄉守喪三年，稱爲「丁憂」。而如果皇上認爲，該名官員當時正在擔任重要職務，一時難以走開，可以下旨讓他留任，稱爲

「奪情」，意思是要「奪」喪親的人子悲痛之「情」，移孝作忠。

這個時候，李光地才剛以禮部侍郎的資格「提督順天學政」，也就是以外交部次長的身分，兼任首都高考選拔人才的主考官，康熙於四月下旨：李光地「提督順天學政，關係緊要」，「著在任守制」（帶孝辦理公務），也就是說，康熙要李光地「奪情」了。李光地跪接旨意，站起身來就準備化悲痛爲力量，繼續做官，啊抱歉，是繼續爲皇上努力辦差了。當然，身爲理學的門徒，如果老母過世而不回鄉哭喪，似乎也說不過去，因此李大人上奏康熙，是不是能夠讓他請假九個月，回福建老家辦理母喪，然後回順天府（京師）接著當他的大主考呢？

奪情詔命一下，加上李光地的「乞假九月」奏疏，立刻就引發舉朝譁然。這是怎麼一回事呢？原來，儒家思想向來就是傳統的道德規範，而孝道在其中處在最核心的位置。只要是讀過聖賢書的人，遇到父母親去世，想起父母的養育之恩，如今樹欲靜而風不止，再也沒機會報答盡孝，必定是哀痛萬分，有的官員雖經皇上「奪情」，根本就不奉詔，頭也不回地一路大哭奔著家鄉去了，朝廷體諒這些人的孝心，通常不會以「抗旨」論罪。常人皆如此，更何況是讀透經史，以道學當作招牌的李光地、李大人？

結果，我們的李大人是立刻就接受了皇上的奪情慰留，只想留職停薪、請假九個月，然後趕回來上班，繼續回到官場，天天努力向上。

其實，康熙這道旨意背後大有深意，不是想做官想得頭腦發熱的李大人，所想得出來的。讓我向各位賢明的讀者解釋這其中的奧妙所在。李光地固然是通讀經史，康熙皇帝也不會比他差，皇上一定是看穿了李光地「作官比作人優先」的心態，這道「奪情」旨意的目的，按照小說家高陽先生的說法，就是「要試一試李光地究竟是眞道學，還是假道學」。如果李光地是眞君子，就會再次懇辭，讓他回鄉守喪三年，以全孝道。而如果他沒這麼做，那就……。

有什麼證據嗎？有請康熙皇帝陛下來向各位說明。當康熙「奪情」詔命一下，立刻引來言官對李光地的攻擊、彈劾，其中罵得最激烈的，是御史彭鵬，上書說李光地有「十不可留」，不適合繼續主持國家高考，請求皇上讓他停職回福建故鄉。康熙接到這道上疏，一面交下九卿（六部尚書加上都察院、大理寺、通政司的長官）商議，一面傳旨詢問彭鵬：你和李光地同鄉，卻這麼激烈的彈劾他，有什麼居心？「我留他（李光地）在任，自有深意。不然，朕豈不曉得三年之喪，古今通禮？」「我所以留李光地之意，恐一說便難以保全。」

是的，你沒有看錯，這位彭御史，就是二十年前在福建打落牙齒裝瘋賣傻，把耿精忠搞得沒辦法的彭鵬，也是清末章回小說《彭公案》的男主角，彭公彭大人。皇上所說的「深意」，就是看穿了李光地是個假道學；而為什麼一說破就難以「保全」，也是這個意思。康熙其實懷疑，彭鵬表面上攻擊李光地，要他回家鄉守喪，暗中是想要維護他的道學面目，因爲彭鵬與李光地老家住得近，沒準兩人交情還不差。

這回，康熙沒有想對。二十年前，李光地那種投機觀望的神態，那種爲了前途，忍心坐視好友被斬而不發一語的冷漠，彭鵬全部都看在眼底。受到康熙懷疑想要維護李光地的彭鵬，再一次上疏，火力全開。自古到今，用一篇文章，幾句詞鋒，拆穿平常道貌岸然、深文厚貌的僞君子眞面目，再沒有比彭鵬這篇彈章來得更痛快的了。因爲氣勢是沒辦法改寫和翻譯的，所以我把原文最精彩的一段放在這裡：

臣與光地，家居各郡，然皆閩產也，今若此人人切齒，桑梓汗顏。伏乞皇上察光地患得患失之情，破光地若去若留之局，不許赴任，不許回籍，春秋誅心，如臣所請。

看見沒有？又是「若去若留」，又是「患得患失」，不帶一個髒字，而把李光地逼到山窮水盡，罵得狼狽不堪，滿面全是豆花，眞是最高境界。而根據史書記載，這篇彈劾奏章一上，康熙立刻批准，命李光地停職解任，「在京守制」，也不能回福建，就這麼留在北京，接受輿論的無情折磨。看來，假道學也不好當，說到做不到，良心的折磨最難熬。

可是，被揭露僞君子眞面目的李光地，有沒有從此一蹶不振呢？答案：沒有。奉旨在北京三年煎熬不堪的守母喪之後，李光地官復原職，擔任順天學政，日後還繼續獲得康熙的重用。彈劾李大人的彭鵬，可能因此也讓康熙印象深刻，他不久後外調升任貴州按察使，後來擔任廣西巡撫。上疏拆穿假道學的大臣被提拔升官，這可以理解；可是賣友又不孝的僞君子還是繼續升官，這是怎麼回事？康熙不是一位大力提倡程朱理學，並且身體力行的皇帝嗎？

我們繞了一大圈、講完李大人的眞面目以後，終於能回答康熙爲什麼不採納李大人放棄台灣建議的眞實思路：康熙是一位把大清的長治久安、穩定統治擺在最優先地位的皇帝。決心統治台灣，是基於穩定東南沿海情勢的考量；同樣的，繼續任用李光地，是因爲他不但想做大官，也是個好官、清官。至於以「奪情」來測試李光地，用意是要告誡這位「道學家」：你有把柄在我手上，給我注意點，安分守己，好好替我辦事，別以爲會引幾句聖人言語，就能瞞得過我！

請大家看看康熙的帝王心思，果然是深不可測啊。至於，皇上收伏李光地，還有另外一層意思，稍後我們就會講到。

本章講的是康熙皇帝與五位閩南人的故事，時間背景從明亡清興的動亂時代，一直到政局穩定的康熙三十年代。第一位閩南人曾經在海上掀起風雲，最後死在了北京菜市口——雖然人不是康熙殺的。第二位閩南人爲了信念堅持到底，與康熙爲敵，卻在死去二十多年後，贏得了他的尊敬。康熙後來晉用第四位閩南人，打敗了第三位閩南人的兒子

（前兩位的子孫），收降了台灣。而從第五位閩南人——李光地的故事裡，我們看到一個成熟而善於領導（操縱）大臣的康熙皇帝，在逐漸茁壯，至於成熟。

鰲拜倒台了，三藩收拾了，台灣平定了，所以刀光劍影、戰場上見勝負的時代慢慢過去了，康熙邁向的，是一個新的戰場，這個戰場的敵人，並無形體，卻同樣不能掉以輕心——國計民生。大家還記得，在三藩亂前，康熙張掛於宮柱上的大張海報備忘錄嗎？「以三藩及河務、漕運爲三大事」，所謂河務，就是黃河的治理，而河務的背後，是更大的一道題目，也就是吏治，正在考驗著康熙皇帝。

第五章 河堤上的康熙

明珠不是什麼大魔王，索額圖也不是第一罪人，而郭琇等人的出場，更是工具性質濃厚——他們全都是「康熙王朝」這台大戲的木偶。後台裡，只有一個操縱者，他扶起這個來打那個，引進那個來攻這個，維持住一個動態中的平衡政局，這個人，就是康熙皇帝，愛新覺羅・玄燁。

康熙二十三年（一六八四年）十月某日，首次南巡的玄燁來到了黃河大堤上，頭一次親眼看見腳下波濤滾滾的黃河。

這是一條歷朝歷代投入無數心力和經費，仍然難以馴服的河流。從這條河流咆哮的浪濤、混濁的河浪裡，衍伸出多少糾結與鬥爭。這個時候，在康熙的眼裡映照出的，是這條混濁的黃河，與治河事務有千絲萬縷關係的，是與黃河之水同樣污濁的官場鬥爭，這涉及康熙一朝幾十年以來的恩怨情仇。

讓我們先從這條濁浪滔滔的黃河開始說起。

黃河之水天上來

如果說黃河是孕育華夏文明的母親之河，那麼這條滾滾黃水的河流，同樣也是一個脾氣暴躁無常的母親。

發源於巴顏喀喇山脈的黃河，是全世界含沙量最高的河流。黃河流過西北的黃土高原，挾著大量的沙土進入渾濁的激流，由高而低向中原奔馳而去。在華北平原地勢較低的區域，由於黃河所挾帶的大量泥沙開始淤積，導致河床愈來愈高，在下游地區形成非常特別的「地上懸河」景象——河道高過地平面數十公尺。唐朝大詩人李白的詩句說「黃河之水天上來，奔流入海不復回」，完全正確，而且如果你人站在平地，聽到轟隆的水流聲，想要「看」到黃河，恐怕還得爬上大堤才成。

愈往下游，黃河的河床愈高，相應之下，堤防自然也就愈修愈高，然而大自然的威力實在令人敬畏，黃河下游河段時常有堤防決潰的情況發生。一旦河水漫溢，衝破圍堵堤岸，黃河就搖身一變，成了鬧事的大叔、罵街的大媽，誰也攔不住，而且還帶來一項相關連的壞毛病——奪取其他河流的河道作出海口。最倒楣的河流，莫過於淮河，從金明昌五年（一一九四年）到清咸豐五年（一八五五年）之間，黃河放著自己原來的河道、出海口不用，跑去和淮河湊熱鬧，奪淮河出海，達六百六十年之久，史稱「黃河奪淮」。自此，淮河常被黃河所連累，每逢水漲，往往兩條東西向的河流一起氾濫成災，連帶癱瘓南北向的漕運（京杭大運河）。治理黃河，就成了讓歷朝各代都感到頭痛的問題。

黃河難治，首先帶來的是經濟方面的影響。正如各位賢明的讀者所知，中國的政治重心，從元朝以來都在北方，而經濟重心卻逐漸轉移到長江兩岸地帶，所以，就必須以南方的糧食和物資，輸運到北方，維持政治中心的持續運轉。問題是黃河時常發脾氣（潰堤氾濫），造成洪水肆虐也就罷了，還經常破壞南北向的運河漕運系統，讓人工浚鑿的大運河無法使用，此時只能另開新河段，作爲補救。

例如，明洪武二十四年（一三九一年），黃河在河南省原武縣境內漫堤而出，洪水流進會通河（元朝時開鑿的人工運河），造成該河三分之一的河段淤積無法行船。又比如，嘉靖六年，黃河奪沛縣北的廟道口，淤了幾十里運河，朝廷只好動員六萬五千餘名民伕，另鑿出一條長約一百四十餘里的人工河段，作爲替代。嘉靖四十四年（一五六五年），黃河又在沛縣飛雲橋決口，流入昭陽湖，淤塞運河一百多里，於是又開一條新河。

但是這樣的辦法，只能治標，卻不能治本，而且還帶來嚴重的社會政治問題。黃河照舊每幾年就要潰堤氾濫，幾十萬民伕聚在一起圍堵堤防，或是修浚運河，對朝廷是非常沉重的經濟負擔，且難保沒有人借機生事，造謠起鬨，而現成的民伕，就是造反的人力資源庫！別忘了元朝末年修築黃河堤防的時候，「石人一隻眼，挑動黃河天下反」，導致天下大亂的謠言，就是從河堤工地上出來的！就算朝廷費盡心思穩住了民工，洪水氾濫後田地荒蕪、無地可耕的農民也是一大社會隱憂。明朝末年那些最後掀翻了紫禁城的「流寇」，裡面十之八九都是這些農地荒廢、還被朝廷官員逼著繳糧納稅的農家子弟。

黃河在朝代更替的時候，還會被拿來當殺人武器。崇禎年間，李自成的大順軍圍攻河南省城開封，久攻不下，乾脆把河堤扒開，黃河之水倒灌入城，據說開封市民死於這場浩劫的人數，在十萬以上。

明亡清興，滿洲人從朱家手上接過天下，當然也概括承受了這條滾滾黃河。爲了確保運河順暢，清朝承襲明代制度，設置河道總督，正二品大員，簡稱「總河」，專管黃河治理、救災與水利。河道總督有自己的軍隊，稱爲「河標」，負責維護河道秩序與水利工程的安全。「總河」控制軍隊，經手大筆治河預算，算是個肥缺。但是當時兵荒馬亂，朝廷實在拿不出多餘的經費，投入治河事務，於是順治一朝十八年裡，黃河決口十五次；到了康熙皇帝登基以後的前十五年，黃河竟變本加厲的潰堤氾濫達四十五次之多！每次堤防一潰決，良田被淹的農民就需要安頓救濟，潰決的堤壩就需要重新修堵，由運河北運的漕糧就需要另覓路線，各省治河的預算，就需要從業已拮据的財源裡重新編列……。上述每一項，都關乎國計民生，都關係到清朝的江山能不能穩固，也都和這條轟隆流過的黃河有密切的關係。

所以，當時親政不久的康熙，心頭想必有三大患：內患（鰲拜專政）、外患（三藩）、還有這條滾滾黃河的水患。漕運和黃河的治理實際上密不可分，這也是他將河務看成是天下第一等大事、寫成條幅懸掛在宮柱上的原因。

治河能臣靳輔

治理黃河光靠皇帝在心中著急，是沒有用的，必須預先要有完整的治河方略，搭配上懂得治水、心中有黃河的人物擔任第一線指揮官，才能收到成效。康熙十六年（一六七七年），三藩之亂的戰火還沒有停歇，皇上差遣工部尚書冀如錫等人爲欽差，前往勘查河道總督王光裕的政績。冀如錫回報：王光裕極不稱職，原先奏報朝廷，說正在搶修中的築堤堵救工程，實際上並沒有開工；而報稱修築「完工」的河堤，經過實地勘查，發現工程偷工減料，「新堤高寬不及舊堤之半」。康熙一看奏章就火了：朕在宮裡晝夜憂思河務，你王光裕在總河衙門日夜中飽私囊，盡是弄些豆腐渣工程，想要呼弄誰！於是，心底只有銀子、沒有黃河的王光裕立即丟官，滾蛋下台。

而新任治河指揮官人選，康熙選中的，是提出徹底解決黃河水患方案的安徽巡撫靳輔。

靳輔，字紫垣，漢軍鑲黃旗人，老爹是隨著清兵入關的遼東漢人。他的讀書底子不差，擔任過內閣侍讀學士，在旗人裡算是很有學問的了，在安徽的政績也相當優秀，是能夠辦事的官員。然而靳輔雖然留心民生事務，卻並不是河神轉世，天生就對治理黃河很有一套，他能成爲康熙一朝的治河能臣，必須要歸功於他的幕僚陳潢。

康熙十年（一六七一年），南下預備接任安徽巡撫的靳輔，途中在邯鄲（今河北省邯鄲市）一所呂翁祠裡，看見有人在牆壁上，題了這麼一首詩：

四十年中公與侯，雖然是夢也風流；
我今落魄邯鄲道，要替先生借枕頭。

這首詩裡面提到的故事，是唐人傳奇裡的「黃粱一夢」：唐玄宗開元年間，一位窮困潦倒的盧姓書生，也是路經邯鄲，在一家旅店裡巧遇了道士呂翁，兩人很談得來，後來，盧生覺得疲倦，呂翁隨手拿出枕頭來借給他，就在旅店主人蒸煮黃粱飯時，盧生做了個夢，夢裡他仕途順遂，豪宅美妻車馬良田爵位什麼都有，四十年的時間過去了，盧大官人懶腰一伸醒過來，發覺他還在邯鄲旅店裡，呂道士正看著他，旅店老闆的黃粱飯都還沒蒸熟。

當然也熟悉這個典故的靳輔，馬上就找到這首詩的作者，他的名字是陳潢，字天一，浙江錢塘人氏，簡單講，此人是個奇人，科舉考試、能夠升官發財的書一概讀得七零八落，而專門留心天文地理、水利河渠的利弊。盧生黃粱一夢的故事，本意是要勸人們不要執著於夢幻般的榮華富貴，然而陳潢的詩裡，卻透露出無論如何想要一展長才的壯志。靳輔和陳潢相見恨晚，於是延攬他擔任自己的幕僚。

陳潢詩裡想借的枕頭，靳輔有。在安徽巡撫任內，靳輔逐漸了解陳潢的才氣和見識，這不是個書房裡窮嚷嚷，滿口天下蒼生，卻連鞋帶也綁不好的蛋頭書生，他對於黃、淮、漕兩河一運，有一套宏大的整頓構想；也正是陳潢，在政壇謠傳朝廷將任命靳輔爲河道總督而深感惶恐之時（前任才剛被革職下台），力勸他要把握機會，毅然擔起治河重任，因爲治理黃河這樣盤根錯節的事情，正需要利劍般的決心，利劍般的作爲，知難而進，替老百姓謀福利。靳輔受到這番話的鼓舞，於是在康熙十六年四月，走馬上任。

要說到靳、陳兩人利劍般的決心，可以從靳輔受命以後，劍及履及，立刻勘查黃河下游水勢看得出來，當時正好黃河又潰堤，陳潢還冒著危險，親自駕駛小舟，在湍急的黃水裡丈量潮流水深。而他們利劍般的作爲，是一柄塵封多年的寶劍，寶劍的名字，叫做「束水攻沙」。

什麼是「束水攻沙」？和黃河有什麼密切的關係？爲什麼它是治理黃河的一柄利劍？康熙皇帝會同意這項計畫嗎？

沖擊！黃河的激流！

大明萬曆六年（一五七九年）夏，都察院右都御史兼工部左侍郎、欽命「總理河漕」大臣潘季馴，站在大堤上，看著腳下滾滾的黃河。

這一年黃河在崔鎮決堤，滾滾黃水沖破堤壩，往北淤塞了清江口（今江蘇淮安市），這清江口位置緊要，是黃河、淮河與漕運三水交會之處，洪水從這裡倒灌，迫使淮河改道，又潰決了高家壩，使得高郵、寶應等地水淹三尺，汪洋一片。原來治河的官員鬧意見不合，當時執掌朝廷政務的，是講話比皇帝還大聲的大學士張居正，他決定改派潘季馴前往處理，理由是在這之前，潘季馴已經有數次堵截黃河決口的經驗。

張大學士的這個決定，在當時也不是沒引來朝野的批評，甚至是攻擊。因爲潘大人當時並非專責治水的官員，繞過原來的主管官，突然派他去治水，這個人事安排放在今天來講，叫作中央（朝廷）空降。但是，有鑒於我們張居正大人在當時，連皇帝都敢罵，一切還是他說了就算，只要取得他的支持，潘季馴就不必擔心他人在前方治水，言官在後方扯他的後腿。

這樣的支持非常重要，將近一百年以後，距離大功告成只差一里路的靳輔、陳潢兩人，將會深刻明白到這一點。

前幾次奉命治水，潘季馴用的還是那一套舊想法，也就是哪裡決口，就領著民工向那裡投沙包。但是在這一次，經過沿著黃、淮兩河實地考察，他有了新的想法。在上呈朝廷（其實就是給張居正）的報告裡，潘季馴把黃、淮兩河的體質，性格，作了一番比較，並且附上對症下藥的原則：

淮清河濁，淮弱河強。河水一斗，沙居其六，伏秋則居其八，非極湍急，必至停滯。當藉淮之清，以刷河之濁，築高堰，束淮入清口，以敵河之強，使二水並流，則海口自濬。

看不懂沒關係，讓我來稍加解釋潘季馴的意思。如果把黃河和淮河都比喻成道路上的車輛，那模範生駕駛（淮河）遭遇到的，就是不守交通規則、隨意超車不打方向燈的車霸（黃河）。黃河之所以會如此愛耍流氓，動不動就潰堤搶人河道，跟它河水含沙量極高的體質密切相關。平常時撈起一斗黃河水，裡面六成是沙，到了秋汛季節，更高達八成，如此邊流邊沉積，當然會造成嚴重的淤塞問題。而治理黃河，就算屢次動員民眾挖開淤泥，甚至重新鑿開河道，如果不改善這種含沙量高、流速慢的體質，也只是治標不治本。

潘季馴提出改善黃河體質的治本方法，簡單說，就是將堤壩築高，河道束窄，並將含沙量較低的淮河水導入黃河河段，以求加快水流速度，如此，加入淮河水的黃河含沙量降低，河道束緊後水流增快，帶動河水，使河沙不落河床，就不至於造成沿路河道淤塞，也能順利出海，不會釀成災禍了。

這就是著名的「束水攻沙」。潘季馴開創此法，保住黃河至少二十年的風平浪靜，後世治黃河，雖在細節上有更替，基本上卻不離這個精神；九十年後，靳輔和陳潢規畫出的整套治河方略裡，核心要旨也就是「束水攻沙」這四個字。

康熙十六年四月，接旨後立刻走馬上任的靳輔，帶著陳潢實地踏勘黃、淮兩河與漕運的水文與治理狀況，陳潢甚至還親駕小舟，在激流湍急的黃河中來回量測，眞是藝高人膽大。

對於黃河現況已經有充分理解的靳輔，接著在六、七兩月，向康熙連上八道奏摺，向皇帝陳述：要想將漕運管好，必須先治好黃河，而要使黃河不氾濫，必須先控好河沙，這就是「理漕必先治（黃）河，治河必先控沙」。

他的治河工程計畫，著眼相當宏大，規模自然不小：總共要興建五項大規模工程，簡單歸納來說，就是分成堵塞現有決口、現有堤防加高、下游（從徐州到清江）河床浚深、構築疏洪道（引水河）、緩水坡堤等，其中堵塞現有的決口、加固原有堤防等，都屬於治標的工夫，而加高堤防、構築多重防洪堤、刷深河床，則是加快水速、沖決河沙、防止潰決的治本之道。靳輔估算，第一期治標工程，需要工期兩百天，動用民工十二萬人，耗費預算兩百一十四萬八千兩。這不是一筆小數目，所以他提議，從華中、華北各省，預先徵收康熙二十年的田賦，以支應開銷。至於動員的民工，則等將來黃河兩岸大堤落成以後，原有河淤水淹之地，開墾出新田，發交他們耕種，不另收取田賦。

這項計畫上報朝廷以後，讓各議政王大臣、九卿、科道言官們都安靜了——全部為之傻眼。按照這個計畫，不但花錢如流水、還要聚集十幾萬人聚在黃河兩岸轉悠，別忘了今年是康熙十六年，吳三桂還在湖南和朝廷僵持對峙，你靳輔還嫌朝廷事情不夠多，經費不夠拮据是吧！所以大臣們會議之後，上報皇帝，建議只將要緊的地方修補修補，等日後三藩滅了，再按靳輔所議大修也不遲。

可是，皇帝本人是不怕事煩的。康熙對於靳輔這項治河計畫，抱了很大的期望，他曾說，如果靳輔能夠努力苦幹實幹，黃河的治理就可以一勞永逸。不過，要他一下擠出這麼多的銀兩，撥給河工，也實在有些困難。於是，皇上採取一個折衷的辦法：既不同意議政王大臣等人所提的緩修建議，但也要靳輔「再行確切具奏」。這意思就是：再把金額、人力確實核算過一遍吧。靳輔在九月回奏，同意將部分民伕人力，改用獨輪車代替（雖然這使得工期延長幾乎一倍），並且縮減了幾項防波堤、引河道工程，朝廷終於在靳輔的請求、皇上的催促下，於隔年（康熙十七年）批准，正式付諸實行。

終於能夠將理想付諸實行了，靳輔和陳潢非常振奮，靳輔親自督導施工，有時候還捲起袖子，幫忙搬沙土、砌石塊；陳潢則發揮了全方位幕僚的戰鬥力，從工料調撥、民工派遣、河床測深、流速測量、撰寫進度報告的奏稿，到擺平工地紀律問題，全部都一手操辦，兩人都發出了耀眼的光和熱。

康熙十七年十一月，靳輔報告：之前黃河潰決的所有缺口處，都已堵塞完竣。接著他開始挑濬河床，淤土全用來堆砌加高河堤。康熙十八年起，開始新鑿運河工程，原先漕運船隻在行經江蘇的淮陰到邳縣這一段時，都要借黃河通行，才能進入運河。這段黃河不但河床淤塞，需要以縴夫拉船，汛期來時更容易造成翻船倒貨的慘劇。靳輔督率民工，烈日曝曬、風雨無阻，以最大的努力，最快的速度，開闢了一段長三百里的運河，於康熙二十年宣告完工。從此以後，漕運不必借道黃河，也就是史書上所謂「揚帆直下，如履坦途」，速度加快，也大大保障航行安全。

當然，黃河不是一條乖順的河流，不會就這麼安靜地接受靳輔的調整體質（束堤刷沙）與整形矯正（回歸故道）計畫。靳輔原先向康熙保證：三年時間完成各項工程。但是從康熙十七年開始，黃河下游河段連年都出狀況，尤其在康熙十九、二十兩年，連發大水，造成新的潰堤，讓靳輔、陳潢疲於奔命：楊家莊決口才剛剛補上，徐家灣又潰堤；徐家灣還在搶救，蕭家渡又告失陷！靳輔的承諾一再跳票，不得已，他只得上疏朝廷自請處分，康熙讓他「革職，令戴罪督修。」

皇上看起來還是挺他的，而只要確實執行「束水攻沙」的工程要領，黃河再桀驁不馴，也不是不能擺平的。可是，靳輔、陳潢設計的攻沙激流，沖得走黃河的濁水，卻抵擋不了交相指責的悠悠眾口。

正當我們的靳輔大人在河道上忙碌、揮汗如雨的同時，政壇上指責他「治水無方」的口水，也鋪天蓋地的朝著他和陳潢噴過來。首先開炮的，是候補布政使崔維雅。康熙二十一年（一六八二年），他上奏彈劾靳輔，說興建減水壩、疏洪道根本錯誤，把靳輔說得一無是處，隨後又上〈河防芻議折〉，洋洋灑灑列出二十四項建議，一副「治好黃河，捨我其誰」的態勢。

同年五月，崔維雅被康熙派往徐州，會同戶部滿尚書伊桑阿等人踏勘治河工程，並和靳輔就治河方略展開辯論。在會議上，崔維雅的二十四條主張，被靳輔根據實際狀況，逐條駁斥。雙方意見和奏辯的折子同時遞上，康熙看完後，作出了判決：「崔雅維條奏二十四條，朕初覽時，似有可取，及覽靳輔回奏，崔雅維所奏誠無可行者。」十一月，又將靳輔召回京師，當面詢問：「你當初說三年完工，結果不但五年過去，尚無法完工，而且河道沖決，你總不能預料，這是怎麼回事？」靳輔再三解釋後，康熙讓他趕回工地，繼續努力。

回到江蘇督工的靳輔，確實是獲得康熙皇帝的支持，獲得了第一回合的勝利，可是，出乎他與陳潢的意料之外，第二波的攻擊很快又將要來到。

而且，這一次站出來與靳輔爲敵的，是他幾乎無法擊敗的敵人，他們本身就清得很，無需也無法沖激。靳輔的事業，陳潢的名譽，甚至生命，就毀在這群人手上。這群人，被稱作清官。

兩個清官于成龍

接下來，是一段令我感傷的故事，感傷的原因，是因爲在這個故事裡，壞人旁邊歇著，主要由一群好人擔綱演出，卻釀成了一場悲劇。

在寫這一段故事的時候，我曾經想過，用比較輕鬆的語調來下筆，也許找機會開開古人玩笑，也許迴避一些必須檢討本書主人翁康熙的責任問題，這樣氣氛也許就不會那麼沉重。

但是沒有辦法。故事裡對立的兩造都是好人，能吏對上清官，最後能吏不明不白的輸了，畢生的努力、夢想盡皆成空，賠上的還有他的榮譽，他幕僚的性命，其間那沉甸甸的歷史重量，不是輕浮的語調，刻意的玩笑，所能承擔得起的，也不是這本書的主人翁康熙皇帝，所能夠迴避得了的。

這段故事要先從兩位清官開始講起。

第一位清官是于成龍。康熙朝一共有兩位于成龍，同名同姓，彼此還同朝爲官。首先登場的這位于成龍（一六一七年—一六八四年），字北溟，山西永寧人，歷任縣、州、府、道、福建按察使等地方官職，清廉正直，鐵面無私，皇親國戚照辦不誤，分外之財一介不取，是康熙極爲賞識的清官模範。康熙二十一年，于成龍被任命爲兩江總督，即將來江寧（南京）就任。此消息一出，南京城裡自認爲貪官、小人者嚇到不行，紛紛狼奔鼠竄，甚至還有驚慌失措、癱倒在床上不停喘氣的（至有驚恐喘臥不能出戶者）。一年多以後，于成龍積勞成疾，死在任上，當時他家裡除了一張破床，一件半舊的衣裳，幾斛米以外，什麼別的都沒有，其清廉程度，和明代第一清官海瑞相比，完全不遜色，果然是大清第一。

當知道于成龍死時家中蕭索以後，康熙非常感慨的說：「當官的能像于成龍這樣的，能有幾個？」不過，沒多久，他就又找到了一個，這人也叫于成龍，爲了區別，當時人叫他小于成龍。

小于成龍（一六三八年－一七〇〇年），字振甲，漢軍鑲紅旗人，康熙初年從知縣做起，在擔任直隸通州知府的時候，受到大于成龍的推薦。老于對康熙說，這個與他同名同姓的年輕小于，才能絕對不只是擔任州縣官員而已，也因爲如此，老于成龍過世以後，康熙心中記住了這個小于成龍。

康熙的一念之間

康熙二十三年（一六八四年）九月，康熙皇帝率同從駕人等，展開他的第一次南巡。當時南方造反的三藩已被打敗，海上稱霸的台灣也已納入版圖，康熙決心把精力放在國計民生上頭，親自到黃河、淮河下游視察治水工程。

御駕來到了高郵等地，前兩年黃河決堤，奪運河水道，滾滾洪水倒灌入高郵湖，淹沒民宅和農田，損失難以估計。在大批地方官員的隨同下，康熙下車親自踏看這個被洪災肆虐過的地方。他登上高處，看見漫漫黃水雖已退去，但是農田、農舍還是泡在一層深及大腿的黃褐色泥濘裡，百姓們仍舊是災民，三兩成群聚集在地勢較高的土丘上，正由地方官督率著，身上沾滿塵泥，一個個朝皇上的方向遙遙叩拜。

對康熙來說，這個景象深深震撼了他。他沒有想到這就是地方官員、河道官員奏摺上所說「決口業已堵竣」的實情：百姓仍舊在泥濘裡掙扎！皇上往身後看去，左後方躬身侍立的是靳輔，再後面跪著的，是時任安徽按察使的于成龍。目睹實況的康熙，看著于成龍臉上哀憐黎民受災的表情，心中有了決定。

沒有多久，皇上下旨：著安徽按察使于成龍負責下游河段工程經理事項，仍受靳輔節制，所有報告由靳輔轉呈。

對靳輔來說，這是一個非常危險的訊號。雖然在旨意裡面，康熙解釋讓于成龍負責河務的原因，是由於靳輔當時正忙於構築高家堰減水壩，以及黃河中下游堤防工程，無暇他顧，不過任命于成龍經營下游河務，就象徵了康熙對於靳輔治河方略的信任，已經開始打折扣。而在當時眾口交攻的環境底下，失去皇上的力挺，其實等於失去了一切。

更何況，這個小于成龍，對於河務治理，自己有一套和靳輔、陳潢根本不同的方略。于成龍並不是「束水攻沙」理論的信徒，按照他的看法，堤防築得過高，一旦決潰，老百姓生計必然大受損傷，而黃、淮河下游泥沙淤積過於嚴重，長期沒有徹底疏濬，才是水患的主要元兇。所以他主張，拓寬收窄的河道，發動民工挖掘下河淤泥，就可以消除淹水之患。

當靳輔、陳潢在邸報（政府公報）上，看到康熙批准于成龍的奏議（還是他們轉呈的）時，立即大驚失色。他們的驚慌，首先是因爲淮河出海口的地勢，要高過行經高郵、寶應等地的下游河段，如果疏濬下河淤泥，卻沒有築高堤防，必然造成海水倒灌。

而他們有更深一層的惶恐不安，從這份奏議裡面，他們感覺到于成龍的主張迎合了「聖意」，有皇帝的支持：小于成龍敢於明文拜發，是因爲康熙就是這麼想的！靳輔慢慢意識到，皇帝在親自查看下河實情後，對他的信任，已經閃起了黃燈。

接下來的三年時間，表面上，是靳輔與于成龍之間的競賽，也是「束水攻沙」和「挑浚海口」主張之間的競賽，私底下，這是一汪深不見底的漩渦，是將許多大臣牽涉入內的政治鬥爭。

康熙二十四年（一六八五年），爲了是否開浚海口，靳輔與于成龍都受詔回到京師，當著皇帝、大臣面前進行辯論。于成龍說，束堤使得黃、淮兩河水位升高，而堤外地勢低窪，秋天黃河水漲，要是有任何一處堤壩決潰，對老百姓來說就是一場大災難，還不如疏通出海口淤泥，使水勢趨緩，也有宣洩之口。靳輔反駁：疏通海口，海高於地，必然導致倒灌；束堤沖沙，只需要沿堤建築若干閘門，即可免於潰堤；于成龍對目前做法的各項攻擊，全是聽信因河堤工程利益遭受侵害的地主縉紳之言，純屬道聽塗說，不可採信。在這個議題上，朝廷大臣儼然分爲「挺靳」與「挺于」兩個陣營，僵持不下。而這場競賽最關鍵的砝碼，最後的仲裁者康熙，卻逐漸的向于成龍那一端偏移過去。

康熙二十五年正月，皇上命工部尚書薩穆哈（就是三藩亂起時，從雲貴拼命逃回報訊的那位戶部員外郎）、學士穆稱額到淮安、高郵等地，會同地方官員，詳細詢問地方父老，開浚海口到底可不可行。薩穆哈等人到江蘇出差二十餘天（期於兩旬），回京城後向康熙報告：下河百姓並不贊成開浚河口，工程應該即行停止。可是皇帝卻質疑，如果不開海口，那泛濫淹積田畝之水，要從哪裡排出？四個月後，從江蘇巡撫升任禮部尚書的湯斌回京上任，康熙徵詢他對於挑浚海口的意見。湯斌說：這是對百姓有益的好事。皇帝採信了他的意見，發脾氣指責薩穆哈等人奏報不實，罷了薩穆哈的官位，命工部尚書孫在豐爲挑浚海口欽差，前往督修。于成龍則因政聲卓著，且開下河有功，被拔擢爲直隸巡撫。

康熙的紅燈亮起來了，關鍵的砝碼落下來了：落在了反對靳輔的那一邊。

明知道局勢極度不利，靳輔、陳潢卻不願意就此認栽服輸。他倆一個在朝廷，一個在工地，指望著和時間賽跑，做出成績來，向皇上，也向自己證明，他們的所作所爲，上對得起天地良知，下對得起庶民百姓。

命運卻沒有再給他們機會。康熙二十七年（一六八八年），言官相繼上書，彈劾靳輔治河多年，靡費銀兩，卻毫無實效；挑浚海口的欽差孫在豐則奏稱靳輔、陳潢阻撓開浚下河。康熙再次召來靳輔和于成龍等人當廷辯論。靳輔雖然仍舊慷慨陳詞，但這次于成龍使出了殺手鐧——他不說束堤沖沙的缺失，而指責靳輔「屯田擾民」，靳輔、陳潢的敗局，就此確定。

康熙做出了判決：他支持下河挑浚，認定這麼做「必無倒注之理」。靳輔雖然「不可謂無功」，但是反對下河挑浚，又屯田擾民，遭到罷職；首席幕僚陳潢（這時已經受保薦為四品道員）奪官，立刻逮捕入京，關押待審。到最後，桀驁不馴的黃河並沒有難倒靳輔、陳潢，打垮他們的，是皇上的一念之間。

康熙的一念，為什麼會這樣？治水方略的歧異，真的是靳輔、陳潢失敗的原因嗎？要回答這些問題，我們必須先掉轉頭來，從彈劾靳輔（同時也掃到陳潢）的鐵面御史郭琇說起。

郭琇的神奇三年

康熙九年（一六七〇年）是一個神祕的年份。如果你看看這一年的進士金榜，會發現上面有不少熟悉的名字。

比如一甲「賜進士及第」的三名進士裡面，前面才剛提過的工部尚書、開浚海口欽差大臣孫在豐，就是第二名探花郎。

又比如再前面些，當李光地不願替出演無間道的同鄉同年陳夢雷講話求情時，決定出面搭救的刑部尚書徐乾學，正是一甲第三名，堂堂榜眼。

至於那個事件裡的雙男主角，李光地與陳夢雷，是的，這對老冤家也榮登康熙九年「賜進士出身」的金榜（李光地二甲第二名，陳夢雷二甲三十名）。看來這年的主考官慧眼獨具，錄取了不少日後發光發熱的歷史名人。

就在這「庚戌科」金榜（康熙九年爲庚戌年）錄取的兩百九十九名進士菁英隊伍的後半列（第三甲、同進士出身）裡，走著一個不起眼的人，他的名字叫郭琇（一六三八年—一七一五年），字端甫，號華野，山東即墨人。

與許多年紀不過二十來歲，就從生員而舉人而進士，科場連戰皆捷的春風少年相比，三十二歲才考中進士的郭琇並不特別，而且，大隻雞慢啼，考運不佳這也就罷了，很快他就會發現，自己的官運也實在好不到哪裡去。考中進士的郭琇，開心的回家等吏部的委任札，這一等，就等了八年。直到康熙十七年，吏部委他爲江南吳江縣令的派令，才慢吞吞的送到了郭琇手上。當時在老家耕讀維生的郭琇，差點還記不起自己曾考中進士這回事。

不管怎麼樣，高齡四十的新任縣長郭琇收拾行李，到吳江縣上任去了。郭縣長在任七年期間精力充沛，辦事認眞，尤其擅長疑難刑事案件的審判（善斷疑獄），而且絕對秉公處置，不稍徇私。他這種鐵面作風，終於獲得上司湯斌的欣賞，給了他全省第一的考績（治行爲江南最），並且向吏部推薦升官，朝廷並不認識郭琇是哪號人物，接到江蘇巡撫的推薦，就隨便找個理由，說他徵稅不足額，想搪塞過去（部議以琇徵賦未如額，寢其奏），可是康熙看到報告，卻決定拔擢他當都察院主管江南地區監察彈劾的江南道御史（從五品），這一年是康熙二十五年（一六八六年），御史郭琇人生中最精彩的一段時間就此展開。

一上任御史，郭琇立刻便開炮，炮轟的對象，赫然就是河道總督靳輔。康熙二十七年（一六八八年），郭琇再上疏彈劾靳輔，說他「偏聽幕客陳潢」，阻撓開濬下河，背後還有黑手下指導棋；康熙非常重視，親自到乾清門召見大臣，交下郭琇的彈劾奏摺，讓大臣們看著辦。果然，靳輔罷官，陳潢被捕下獄。

正當朝廷內外開始注意到郭琇這麼一號人物的同時，更猛烈的炮火已經蓄勢待發，指向靳輔身後的黑手。郭琇呈上〈糾大臣疏〉，彈劾大學士明珠、余國柱結黨營私、收受賄賂、公然賣官鬻爵、箝制言官等八項大罪，並揭發靳輔每年於治水上耗費的大量預算，都遭到該黨中人的侵吞分肥。

據說，郭琇在上奏前一天，特地抽空去了趟明珠府上。當時明珠正在舉行宴會，聽到郭御史親自來訪，感覺十分榮幸，連忙出來相見。在清朝，主司監察的官員，一般不和大臣往來，以示迴避；就算要串通情報，也是私底下偷偷摸摸爲之，以耿直敢言受到注意的郭琇，竟然這樣光明正大前來拜訪明珠這位權傾朝野的大臣，豈不是替他的清廉掛保證嗎？所以明珠很高興。

明大人聰明奸巧一世，此刻大概是酒喝多了，腦子運轉得有些不靈光，他喜上眉梢的迎著面無表情的郭琇進到內堂，郭御史不肯入座，只冷冷的說：今日未備薄禮，謹以奏摺一道，爲納蘭大人賀！於是便逐字逐句的，將那篇〈糾大臣疏〉咬金斷玉的朗讀出來。明珠的笑容還掛在臉上——只是顏色已經轉爲鐵青。

此折一上，朝野震動，康熙馬上宣布處置：原太子太保、武英殿大學士明珠一切職務全部罷免，「交與領侍衛內大臣酌用」，戶部尚書余國柱也跟著丟官，黨附明珠的官員（例如靳輔）大部分落職，當時內閣七個大學士，就有四個去職，政府算是來了個空前大改組。郭琇也因爲此案，所謂「直聲震天下」，升官爲都察院左僉都御史（正四品）。

不過郭琇的風光時刻，到此便嘎然而止。明珠一案才過沒有多久，他就立刻身陷一場請託關說疑雲，康熙派人調查的結果，郭琇確有關說行爲，於是他被降五級任用。康熙二十九年（一六九〇年），吏部上報告，稱讚郭琇工作認眞，建議他升任通政司參議（受理陳情與公文收發單位的處長級幹部，正五品）。康熙的回答竟然是：讓他回家養老去吧

（上命改令予琇休致）。

事情還沒完。郭琇雖然強制退休回山東老家，人家還沒這麼快放過他，尤其是明珠的餘黨們。江蘇巡撫說，郭琇在吳江縣令任內侵吞漕糧；山東巡撫說，郭琇他爹參加過亂黨。弄得郭琇回山東老家，還沒待上幾天，就被逮到江寧（南京）受審去了。郭琇他爹參加亂黨的指控，後來證實是含沙射影的栽贓誣告，不過他在吳江縣任內的漕糧帳目確有問題（坐侵收運船飯米兩千三百餘石），郭琇就在冗長的司法、申訴過程裡，度過了十年。

康熙三十八年（一六九九年），皇上又想起了他，並且為他父親的名譽昭雪。一介平民郭琇再次搭乘直升機，拔擢為湖廣總督，四年後，他卻因田土丈量申報不實、地方平亂諱敗為勝等罪名遭到彈劾，再度被罷免下台。

郭琇在官場上的起落，讓兩百年以後的《清史稿》為郭琇作傳的執筆者發出了感嘆，為什麼鐵面御史郭琇的官場生涯如此坎坷，屢遭攻訐打壓？要知道，他頭上的大老闆可不是什麼「惠帝」、「後主」之類容易蒙蔽的昏君，而是有「大帝」之稱的聖祖康熙爺啊。

不過問題又來了：如果之前郭琇連等一紙縣長的派令，都可以等上八年；之後申訴老爹被冤枉一案，又花了九年才能平反，為什麼在入京城當御史的三年內，他告誰誰倒，轟誰誰垮，如此神奇、這般風光呢？

《清史稿》想出了其中的緣故：郭琇那得意的三年，全是因為康熙老早就想要砍明珠了，郭琇不過是一把正好冒出頭來，讓皇帝順手抽出來使用的寶劍（蓋由聖祖已悟其奸，而琇遂得行其志）。

是的。看完了郭琇的遭遇，我們發現，郭琇官場人生如直升機般高速升空的那三年，與明珠集團的倒台，時間上正好重疊。風雲際會，郭琇是康熙所揀選的一柄利劍（雖然也就用上這麼一次）。

所以，說完了利劍，該要請被利劍砍的人出場了。大魔王納蘭明珠，你請上到歷史的前台來吧。

大魔王明珠

明珠，這個從康熙要擒拿鰲拜開始，就若隱若現的出現在我們故事當中的老兄，終於堂而皇之出現在各位賢明讀者的面前，當上本節的主角人物。

受到許多影視作品還有小說的影響，恐怕有很多讀者誤以爲明珠大人的大魔王，是這麼當的：在一個月黑風高的夜晚，明珠在府邸召集眾黨羽，一臉壞笑的宣布，各位，某某（正人君子）擋了我們的財路，讓我們滅了他！（眾黨羽歡聲雷動）

黨羽甲：另外還有某某（也是正人君子），一直與我們作對，讓我們捎帶一併也將他

結果了吧！（黨羽們又是一陣歡聲雷動，並紛紛提出清除名單）

黨羽乙：哦哦，各位，我等清除朝中賢臣，須得小心行事，提防聖上發現才是。（眾人盡皆點頭）

於是，明珠大人鄭重宣布散會：讓我們謹慎的分頭進行掃除朝廷正派力量的大業吧！奸臣們帶著「哇哈哈哈」的奸笑，分頭行事去了。

相信上述論點的人，多半認為與大魔王對立的，必定是正人君子，但是實際上不是這麼回事。能和權臣對抗的，向來都是權臣；而大魔王的倒影，仍然是大魔王。除此之外，請仔細想看看：假如明珠這個康熙王朝大魔王，真是這麼威風，想滅誰就滅誰，那康熙還能夠稱得上是位賢明的皇帝嗎？

真相是：權臣明珠，這位在康熙王朝前半段權傾天下的大魔王，本身就是康熙皇帝自己一手扶植出來的。

明珠，字端範，誕生在清太宗天聰九年（一六三五年），姓葉赫那拉（所以和慈禧是同宗），編在滿洲正黃旗下，本來只是個小侍衛。雖然明珠自己家世並不是太顯赫，卻娶了英親王阿濟格（努爾哈赤第十二子，多爾袞之兄）的女兒為妻，因為有這個背景，他在康熙三年被擢升擔任內務府總管。內務府總管大臣，顧名思義，就是皇宮內務的大管家，管轄業務非常繁雜，但明珠任內辦事清晰有條理，因此在康熙五年升官，擔任弘文院大學士，七年，轉任刑部尚書。接下來的十年之間，明珠先是轉任左都御史，領導都察院；在三藩之亂最緊張的時期，又被派任兵部尚書，訓練八旗士兵，處理緊急軍情；他還受康熙差遣，到福建主持與台灣的談判，還曾視察黃河兩岸堤防，所以對治水（的款項）也有認識。

可以看出，明珠算是一位全方位的人才，充分發揮了「作什麼，像什麼」的敬業精神，練兵、司法行政、治水、外交談判都幹得十分像樣，而這樣的經歷，對他日後貪污體系的建立，絕對有重要的幫助。

明珠本人辦事能力強，學問也不錯，擔任過給康熙講課的經筵講官（這又和影視作品裡那個俗氣不讀書的明珠大不相同），而且個性謙和、溫文爾雅、說話動聽、喜歡交朋友、從不吝惜錢財，所以在官場上，人緣非常好。或許就是因爲他能廣結善緣，並且能力高強，明珠很早就加入親政後康熙的權力內圈中，成爲嫡系大臣，康熙十六年入閣，擔任武英殿大學士。

看完明珠的簡歷，我們得出一個結論：要當魔王也不容易。如果明珠是魔王，那他至少也是一位辦事能力高強，眼光、人緣和學問都十分傑出的菁英魔王。

明珠在早年之所以受到康熙的重用，還有一樣最重要的原因：他能夠正確體察皇上的心意。當初三藩勢力龐大，群臣大多主張暫緩撤藩，等到吳三桂起兵了，又紛紛要求停戰和談，明珠從頭到尾都堅決站在康熙這一邊，喊打喊殺，絕不留情。後來康熙決定以武力對付不肯就範的東寧鄭家政權，尋找統兵主將時，眾人對於進用從「海逆」投誠過來的施琅抱持疑慮，明珠卻又猜中了皇上的心思，一力主張讓施琅帶兵。施琅不是明珠的黨羽，一起推薦施琅的李光地更不是明珠的同夥，我們可以確定他舉薦施琅統兵，絕不是抱著什麼「爲國舉才」的高尚念頭，而只是他已判斷出：皇上默定的主將人選，就是施琅。

明珠就是那種永遠與老闆站在一起的下屬，或許你會恨得牙癢癢，可是拿他毫無辦法，誰讓他抱住康熙大腿、拍馬屁的時機永遠是那麼正確，拍馬屁的決心永遠是那麼堅強呢？

所以，具備多種功能，並且有神奇讀心能力的明珠大人，自然聖眷不衰，於是，他就更加專心致志的發展他的複合型全方位貪污攬權事業版圖，走上他的大魔王之路。

一直到郭琇親自登門拜訪，將參劾他的奏摺當成伴手禮，還大聲朗讀的那一天。

按照郭琇那篇〈糾大臣疏〉，明珠和他的黨羽們這多年來，犯有以下這幾項重大罪行：第一，攬權自重。明珠和他的黨人、漢人大學士余國柱串通一氣，把持內閣政務；第二，邀買人心。凡是明珠接到皇上要升擢某人的旨意，便去向那官員暗示：「是因爲我推薦的緣故。」收取賄賂；查知皇上對誰不喜，便向他說：「皇上最近看你不太順眼，讓兄弟我慢慢想辦法（上意不喜，吾當從容挽救）。」也收取賄賂。第三，公然賣官。從知府、道員、布政使、按察使、學政，乃至巡撫、總督，只要能說得出的官名，都有價位可供挑選購買，只怕你不來，不怕你不買。第四，壓制言路。明珠指使他的黨羽控制言論，凡有不合作的官員，就指使言官參劾。第五，居心陰險。明珠即使是見到仇敵，也總是擺出一張陽光般的笑臉，但一轉身，就借勢借端，不把對方踩扁踩爛，絕不中止。

據說，在此前不久，直隸巡撫于成龍密奏康熙，說「官已被明珠、余國柱賣完」，皇上震驚之餘，轉頭責問身邊掌文書的高士奇（這人稍後即將登場，這裡先出來客串一下）：「爲什麼沒人敢參劾？」高士奇回答說：「哪個人不怕死（人孰不畏死）？」康熙說，明珠有鰲拜那麼囂張嗎？我要讓鰲拜下台，他馬上就完蛋了，怕什麼（欲去則去之矣，有何懼）？於是郭琇便冒出頭來，成了砍向明珠的人形利劍了。

順便跟各位讀者說一下，郭琇奏摺裡所說明珠貪腐各點，都確有實據，他的黨羽也坑害了不少大臣（比如當過皇上老師的湯斌），不過程度都需要打折扣。之所以這麼說，理由大致有三。第一，如果明珠在康熙眼皮底下發展成如此龐大的事業，什麼官都能賣，什麼人都敢害，政府貪污又腐敗，那麼玄燁怎麼能稱之爲英明？康熙年間怎麼能被稱作「盛世」？

其次，從反面來看，奇貪巨奸被查獲，勢必有追贓行動，就像嘉慶皇帝在老爹乾隆駕崩後四天，查抄寵臣和珅的府邸，抄出金山銀海那樣。但是，康熙並沒有對明珠施以這樣的待遇。

最後要說的，是康熙對明珠的處分。看完前面的各種故事，要說明珠種種貪賄事跡，康熙完全不知情，那是鬼扯。康熙之所以讓郭琇出來開炮彈劾，是因爲明珠集團的膨脹太快，必須要壓制一下。

對，你沒有看錯，我也沒有寫錯，就是「一下」。明珠被免去內閣大學士職務，幾名心腹如余國柱、勒德洪也被革職，還捎帶上靳輔倒台與陳潢下獄。但是隨即康熙就說，明珠這十幾年下來，即使沒有功勞，也有苦勞，沒有苦勞，一定也很疲勞，「朕不忍加罪大臣」，所以內大臣的職務，還給明珠保留著。兩年後，因爲明珠籌辦西征糧餉有功，康熙恢復他原先的薪水和待遇。史書上說，明珠的勢力，並沒有因他遭罷黜而撼動（權勢未替）。康熙這麼處置，與下一節要出場的這位仁兄，有絕對的關係，因爲能夠牽制權臣的，還是權臣。

是的，他就是索額圖，索尼之子，康熙御口欽封，「本朝第一罪人」。

索額圖——「本朝第一罪人」

康熙八年五月的某個深夜，一名御前侍衛奉密詔入宮，他在指定的宮室裡見到了玄燁，年輕的皇帝要他盡速籌謀良策，一舉剷除驕橫的輔政大臣鰲拜。

剛剛親政的皇上身邊，並沒有可靠的班底，他奉命暗中聯絡，以家財和他的家世地位，祕密組成了支持皇帝的小團體（索黨）。

這個侍衛並不是簡單的角色，在之前，他的身分是吏部侍郎，這是副部長級的政府大員，他卻願意自動申請退職，在皇帝身邊效力，只當個侍衛，眼光不可不可謂不長遠，身段不可謂不柔軟啊。

果然，因爲在關鍵時刻加入了關鍵團隊，不久之後，他不但官復原職，還很快升任內閣大學士，領銜贊襄國政。

是的，他就是索額圖，開國功臣、首席輔政大臣索尼之子，在成爲第一罪人之前，有很長一段時間，其實我們的索額圖索大人是康熙朝第一紅人。

身爲赫舍里・索尼的兒子，皇后赫舍里氏的叔叔，索額圖從小就是個難伺候的滿洲公子哥兒，不但脾氣大，眼睛也長在頭頂尖上。不過，他能這麼跩，自然有他跩的本錢。

頭一個條件，索額圖有抱負和學問。身爲高官第二代，生來就有世襲的爵位，索額圖完全可以像他的兄弟們，或者是像其他滿洲權貴子弟一樣，成天遛鳥喝茶玩女人，可是索額圖並不是這麼一個浪費生命的人，他認眞研讀漢文經史子集，儒家學說，甚至，對於古董文物的鑑賞，也已經到達專家的等級。

索額圖屬於官方保障名額，不需要和漢人士子一樣擠破頭，搶奪那每三年一次的科舉名額，就能輕鬆地享受榮華富貴。所以，放著好好的少爺生活不去過，跑去鑽研那枯燥的典籍，追求治國平天下的道理，這不是我們索先生頭腦進水、思考運轉出了問題，而是在表明：他是一個有大志的人，錦衣玉食不是他的嚮往，更多的權力才可以讓他獲得滿足。

第二個條件，也就是之前提過的「索黨」。鰲拜在朝廷呼風喚雨的時候，康熙一聲不吭，卻慢慢建立起自己的人馬，這其中扮演核心聯絡角色的，當然就是索額圖索中堂。被索額圖找來的大臣，自然就成爲他索兄的人馬。考慮到索老兄個性孤傲這個性格，這群人裡，除了李光地是漢人以外，以滿洲親貴爲主，他們遍布朝廷中的各個重要位置，以聽從索老大的話爲主要特點。

各位賢明的讀者看到這裡，想必有點眼熟。是的，索黨的發展軌跡與前面談到的明珠集團很相像，比如明珠與他的黨羽公然收受賄賂，索黨也十分貪瀆；又比如明珠曾假借事端，趕走了教過康熙讀書的老師湯斌，索額圖也十分囂張跋扈，鬥垮了雍正皇帝的老師顧八代。

這裡介紹一下顧八代老先生。許多小說把他描寫成一個漢人老夫子，這是不對的。顧八代是滿族伊爾根覺羅氏，鑲黃旗人，而且他在當時，實在是一位滿人裡少見的猛人：上書桌寫得出文章（滿、漢文都會），上馬背拉得出滿弓，康熙十四年皇上親自考察旗人，文武全才的顧八代榮登第一名寶座，成爲翰林院侍讀學士。

康熙十六年，吳三桂從湖南派兵攻擊兩廣，玄燁派顧學士到廣西韶州去，對鎮南將軍莽依圖宣旨，要他找機會攻擊吳軍後側。當時清兵在兩廣的局勢，已經亂成一團，廣西巡撫傅弘烈的兵馬被吳三桂的姪孫吳世琮打敗，大量潰兵往莽依圖大營奔過來。顧八代就留在莽依圖營中參贊軍事，他組織防禦，兩次打退來犯的吳軍。隔年莽依圖突然罹患重病，將統兵作戰的權力交給顧八代，他率兵與退保南寧的吳世琮決戰。當時吳軍據說集中了十萬兵力，聲勢頗爲浩大，清兵諸將有些膽怯，覺得這仗不好打（諸將或難之），顧學士也不囉嗦，抄起傢伙上馬，親自發起衝鋒（顧八代奮入陣），諸將一看不得了，代總司令都殺進去了，我們還敢待外頭嗎？於是奮力作戰，揍得吳世琮鼻青臉腫。

然而，顧八代卻不知爲何，得罪了當朝第一紅人索額圖。康熙十八年，三年一次的「京察」開始了。這京察就是朝廷對所有中央官員的績效，所進行的考核調查，合格者留任或升官，不合格者捲鋪蓋或貶官。立有大功的顧八代，獲得頂頭上司（翰林院掌院學士）的力挺，在表現評語欄上填注「政勤才長」四個字，意思是顧學士既多才多藝，又勤於任事，請皇上留意提拔。

報告先呈進內閣，索大學士看見了，他同樣也不囉嗦，當即拿起筆來，劃掉這四字，改注「浮躁」兩字，顧八代因此而遭到降級處分。

臨危受命、身先士卒的英勇表現，被詮釋成了「浮躁」，索額圖以他高超的文字造詣，爲我們上了一課，什麼叫做膽大妄爲，什麼叫做顛倒黑白。

上面這個故事，只是索額圖諸多囂張行徑的一個例子。然而，當時的索中堂與他的集團成員，最忙碌的事情，莫過於與明珠集團進行堅持不懈的鬥爭，原因很簡單，明珠貪權，索額圖也攬權，明珠要錢，索額圖也是。有段時間裡，索中堂與明中堂鬥得十分凶猛，雙方都努力找人挖坑給對方跳（互植黨相傾軋），比方之前我們提過，在吳三桂鬧得最兇的時候，索額圖建議康熙，砍了當初建議撤藩的大臣，給吳老爺消消氣吧。幸虧康熙沒有答應，不然明中堂就得提前領便當了。又比方，前面我們說過的「李光地假道學」一案，難保明珠餘黨沒有踴躍地向皇上提供黑資料，以便打倒這個索黨大將。

而身爲康熙朝第一紅人，索額圖當然也最早受到玄燁的警告。康熙十八年七月，京師地區發生地震，紫禁城三大殿（太和、保和、中和）還塌了一角。正當大家都還驚魂未定，都察院的長官、左都御史魏象樞已經一炮打了過來，他說，上天之所以會降下地震示警，是因爲天子身邊有奸臣！皇上問魏象樞：你說的奸臣是誰？魏大人回奏，那個姓赫舍里的，最貪最囂張，臣彈劾的就是他！

康熙聽後想了想，回應說，唉，地震表示大家都要反省，應該從我第一個開始反省。（修省當自朕始）索額圖是囂張跋扈，卻不笨，知道皇上說這話的時候，眼睛一直盯著他。幾日以後，他就上表請辭，退出內閣了。

不過，在接下來的二十多年裡，索額圖的官職儘管起伏不定，卻沒有眞正的倒台。在他辭去內閣保和殿大學士位置的同時，康熙給他保留議政大臣的頭銜。康熙二十三年三月，皇上以他疏於管教、導致弟弟們個個懶惰驕縱爲由，罷去他的議政大臣職務。卻在兩年後，又任命他爲領侍衛內大臣。

索額圖還在康熙幾次親征準噶爾蒙古的戰役中，帶兵隨同出征，並且在康熙二十八年（一六八九年）奉命和沙俄談判邊界問題。他與俄羅斯派來的代表簽訂了一個還算平等的《尼布楚條約》。看起來，康熙雖然知道索額圖濫權貪腐，卻始終沒有下重手制裁，他的好日子，就這麼一直延續到康熙四十二年（一七〇三年）。

這一年五月，康熙突然下令逮捕索額圖，交由宗人府（管理皇族親貴事務的機構）囚禁，所有索額圖的黨羽，都被一網打盡，甚至有人因爲家裡收藏索額圖寫來的信，被抓到刑部去，判了死刑。這一年，老對頭明珠已經罷職在家閒居了十五年，索額圖不久後在囚所裡死去。

六年以後，也就是康熙四十八年（一七〇九年），康熙廢黜了皇太子胤礽，這時才對大臣說明，六年前他突然以雷霆手段處置索額圖及其黨人的原因：索額圖想要謀反，幫助胤礽提早登基，被我發現，於是將他處死。今天胤礽想替索額圖報仇，朕只好廢了他，但是也搞得我擔心戒懼，無法放心（令朕戒愼不寧）。講完還不解氣，又狠狠罵上一句：索額圖誠本朝第一罪人也！

以上，就是索額圖先生由第一紅人到第一罪人的奮鬥史。最後補充說明一下：索額圖是皇太子胤礽的外叔祖，而明珠則是皇長子胤禔的外叔祖（胤禔的母親惠妃那拉氏，是明珠的堂姪女）。所以索、明兩人的對立和恩怨，不只是在內閣和朝堂上廝殺，還要延伸到康熙兒子們的奪嫡爭鬥上面去，這我們稍後再說。

南書房裡的祕密

正當索額圖和明珠兩派，把朝廷和內閣當作唇槍舌劍、互相挖坑的戰場，殺得不亦樂乎時，康熙十六年（一六七七年）十一月，乾清宮的西南角，悄悄地騰出了一個房間，這裡本來是康熙皇帝讀書的南齋殿，因爲位置在月華門之南，所以叫做南書房。表面上，它是康熙皇帝用來和翰林學者們研討學問的地方，實際上，南書房的功能，絕對不只是召開御用學術沙龍而已，而能夠進入南書房的人員（稱爲「南書房行走」），也是一股不能小覷的政治勢力。

要討論南書房的政治功能，必需先介紹內閣。明太祖朱元璋爲了防止權臣侵奪他的皇權，在洪武十三年（一三八〇年）將兩千餘年的宰相制度給廢了，從此皇帝必須親自處理政務。可是，日常政務的工作量實在太過沉重，連工作狂朱元璋本人都吃不消，於是皇帝必須找些祕書來替他抄抄文件、打打下手，這就是內閣最初的起源。

後來內閣的體制與功能愈來愈完善，成爲類似宰相的機構。內閣的工作流程，具體來說是這樣的：大學士們將大臣呈給皇帝大人的公文（奏摺）先讀過一遍，作成摘要（節略），然後替皇上預備好批示的意見，寫在一小紙便條（票擬）上，隨奏摺呈上，皇帝只要照抄即可。那你問如果皇帝不按票擬，自己想寫些別的心得行不行？不行。這就表示大學士不受皇上信任，內閣必須總辭。所以，即興創作是會要人命的。

不過，隨著內閣體制運作逐漸完備，內閣大學士愈來愈不像從前幫皇帝寫摘要意見的小祕書了，他們已經演變成沒有宰相名稱的宰相。明朝後期，若干大學士（比如前面提到過的張居正）與太監合作，權勢滔天，皇帝簡直就是換他們在作。清朝入關後，原本不設內閣，而由議政王大臣會議作爲推動政務的最高機構，不過康熙皇帝想要將決策權收回，於是把議政王大臣會議冷凍起來，讓內閣重新登場。

但是內閣已經成爲政務推動的機構，皇上還是需要替他整理文件、騰寫草稿摘要的祕書，況且明珠和索額圖簡直就把內閣當成兩人政治摔角的場地，康熙只好另外找一塊地方當作祕書辦公室，這就是南書房的政治功能，它是直轄於康熙的政治發動機。

有幸能夠進入南書房的人員，當然身價立刻百倍。他們當中確實有安心作學問的學者，或者是皇上的盡責祕書，比如張玉書、張英、陳廷敬；但是也有被康熙當成操縱政爭的工具型人物，比如下面我們要介紹的南書房第一期畢業生：徐乾學和高士奇兩位同學。

徐乾學同學，江蘇崑山人，舅舅是明末清初鼎鼎大名的大儒顧炎武，他自己則是天才兒童，八歲就會作文。康熙九年，徐乾學光榮的走在那年進士金榜隊伍的前列，他的兩個弟弟徐秉義、徐元文後來也都金榜題名，人稱「崑山三徐」。

學問很好的徐同學，人品並不高尙。雖然說當時京官的俸祿有限，一年不過百來兩銀子，因此人人都會弄些額外收入，但是和徐乾學的貪婪與阿諛權貴相比，那是小巫比大巫。他公然開設高考補習班，凡是要叫他一聲老師、拜入師門的，必須繳納高額學費（賄賂），保證考取，當時有句民謠，說「九天供賦歸東海」，說的就是徐老師全國性收受學費（賄款？）的劣跡。

至於巴結權貴，徐老師原本走的是明珠的門路，屬於明中堂馬屁集團的忠實會員。（明珠當國，勢張甚，其黨布中外，乾學不能立異同）可是在康熙二十六年，徐乾學從南書房畢業，突然獲得擢升，成爲都察院最高長官（左都御史），接著又轉任刑部尚書。

本來跟在明珠集團後面搖尾巴的徐大人，於是搖身一變，成了正直無私的鐵面御史，都察院與六科監察機關連連發動彈劾，中箭落馬的都是明珠集團的黨羽，而最猛的一擊，就是御史郭琇參奏明珠，一炮便把明珠轟出內閣。由於郭琇與徐乾學是同班同學（都是康熙九年進士），郭琇這封奏疏的幕後主使者，大家都認爲，就是徐老師（眾皆謂乾學主之）。

郭琇的背後是徐乾學，那徐老師後面站的又是誰呢？根據當時人的推測，似乎是長年與明珠敵對的索額圖集團，然而如果我們看看下面高士奇同學推波助瀾的表現，事情似乎並不是這麼簡單。

高士奇是浙江錢塘人，小時候家境貧窮，可是高小朋友把握住每一個學習的機會，努力寫毛筆字，練得一筆好書法。後來，長大後的高士奇到順天府，以監生（政府公費生）資格參加鄉試中榜。高士奇之所以被康熙提拔任用，頗爲傳奇，有人說他原先在索額圖府中，充當家庭教師之類的幕客，索中堂脾氣大，對下人經常拳打腳踢，有一天，飽受暴力的高老師憤而離開索府，投靠了明珠，而由明珠轉推薦給康熙皇帝。也有人說，高士奇是康熙在微服出巡途中，親自選出來的。以上兩種說法，都只是「據說」，沒有確實證據。

無論如何，我們的高大人很快進到了南書房輪值，成爲徐乾學的同事，並且擔任起居注官，替皇上整理稿件，有時甚至住在宮裡。在康熙眼裡，高士奇才思敏捷，學問又好，無論康熙說起哪一本書，老子莊子還是孝經易經，唐詩宋詞或者漢晉樂府，他全都能接得上話，而且還能滔滔不絕。所以後來康熙說：自從有了高士奇作伴讀，我才知道學問的門路啊（得士奇，始知學問門徑）。

高士奇當然不是人型百科全書。在皇上面前，他之所以無所不知，那是預先做了功課的。據說，高同學隨身有一小囊，裡面裝滿了黃金製的豆子，他在上朝前先送金豆給康熙的貼身太監，問道：「皇上昨天下班後，說了什麼話，讀了什麼書？」每得到一條消息，就贈送金豆一顆，常常是送完爲止。從這些話裡，高士奇知道皇上最近的興趣所在，據此趕緊找資料惡補，這才是他有問必答、百發百中的祕密。

如果這條筆記是眞的，以高士奇當時不過四品官的俸祿，無論如何是必須要開創體制外收入的，那也就是貪污。剛才那首諷刺徐乾學收賄的民謠，還有下半句：「萬國金珠獻澹人」，澹人就是高士奇的字，看來果然他十分需要金珠啊。

而徐乾學和高士奇之間彼此連繫很深（結了姻親），康熙二十七年的明珠罷相事件，看來，是徐乾學感受到山雨欲來風滿樓的緊張氣氛（誰讓他感受到的，稍後會說），他知道如果不先出手，明珠那一方就要掀出徐、高兩人貪污受賄的證據，於是徐乾學在外，找到了願意出面開炮的郭琇；高士奇在內，配合密奏告狀的小于成龍，使得明珠被趕出內閣。

不過，出來混的，遲早要還；明珠雖然倒台，餘黨卻都還在。同年，湖廣巡撫張汧爆發行賄貪污案，被逮捕入京。張汧是明珠一黨，爲了謀求升官，曾多次重金行賄朝廷有力官員。張汧受審時，一口就咬出徐、高兩人收受他的賄賂，卻拿錢不辦事。雖然康熙指示，這個案子不必牽連（奉諭戒勿株連），但是徐乾學和高士奇已經感覺勢頭不對，於是分別上表，請求退休，康熙也都照准。

他們的感覺是對的，因爲在明珠罷相之後，徐、高兩人也就失去了利用價值。高士奇因爲學問好，後來還繼續受到康熙的任用；徐老師一家就稍微悽慘一些：徐乾學退休回老家的時候，康熙送他御筆匾額「光燄萬丈」當作返鄉紀念品，看起來，這是對老徐難得的恩寵，實際上，卻是意在言外的警告，要他好歹也收斂些：只要改一個字，就是說徐氏一門於地方上氣燄萬丈，十分囂張！果不其然，根據統計，自徐乾學回鄉後，到康熙三十一年（一六九二年）三年之間，徐家一共被地方官彈劾舉發了二十多次！最嚴重的一次，是康熙三十年，兩江總督、著名的清官傅臘塔參奏徐家，說老徐三兄弟「招搖納賄，爭利害民」，徐家老么、當過內閣大學士的徐元文知道消息後，竟然嚇得吐血而亡。

補充一下資訊：這位傅臘塔總督固然是康熙所表揚的模範清官，不過他也有著另外一個身分——明珠的外甥。

事情的最終真相

好了，現在所有的演員已經全都出場，該是說明事情的全部真相的時候了。

在少年康熙孤立無援的時候，索額圖站了出來，力挺皇帝，康熙靠他的幫忙（當然還有他的祖母，孝莊太后在幕後的支持）扳倒了鰲拜。

在索額圖恃寵而驕、攬權自用的時候，是明珠站了出來，制衡了索額圖的勢力。青年康熙靠著明珠這股勢力的支持（當然還有其他幾位大臣），在吳三桂聲勢滔天的時候站穩了立場，堅決討伐，最後平定了三藩之亂。

後來，當明珠把持內閣，結黨營私、貪污受賄，令壯年康熙再也無法忍受的時候，他把南書房的近臣徐乾學、高士奇推上火線，暗示他們，明珠將對其不利，並親自替他們揀選了一把利劍——郭琇，一舉打倒了明珠，壓制明珠集團的氣燄。

最後，當這批南書房出身的近臣們正覺得自己風光得意的時候，康熙又一個個的讓他們退休致仕，從哪裡來，回哪裡去。

所以，明珠不是什麼大魔王，索額圖要是沒想幫外孫提前登基即位，也不會是第一罪人，而郭琇等人的出場，更是工具性質濃厚——他們全都是「康熙王朝」這台大戲的木偶。後台裡，只有一個操縱者，他扶起這個來打那個，引進那個來攻這個，維持住一個動態中的平衡政局，這個人，就是康熙皇帝，愛新覺羅．玄燁。

他從不對上面任何一個集團，進行斬草除根式的清算，即使是像明珠這樣，貪污與劣行昭著的臣子，雖然罷免其職務，卻也還讓他維持體面，榮養餘生。表面上看，這固然是後來許多人稱頌的「寬仁」，實質上卻是一種精準的政治算計，在穩定政局的同時，壓制貪污與派系鬥爭，操縱群臣相互牽制，並且（對康熙本人來說，最重要），留給皇帝大人的，是超然的高度，與後世的讚美。

中年的康熙：此時的皇上，統御臣下幾乎已達爐火純青的地步。

這才是事情的眞相。前面我們說過，從李光地的「假道學」案子裡，可以看出康熙領導、操縱群臣的手腕逐漸成熟，現在底牌揭開了，在這二十年間，康熙駕馭大臣的統御術，眞可以說是爐火純青了吧？

不，還不夠，因爲有靳輔、陳潢這個缺憾。

河堤上的康熙

靳輔、陳潢和其他遭到罷黜的大臣不一樣，他們是心中有抱負的人。在這些官員互結朋黨，彼此勾心鬥角、爭權奪利的時候，他們倆在河堤工地上奔走，爲的是讓黃河風平浪靜，爲的是使百姓不再受水淹流離之苦。

即使他們投在明珠集團門下，捲入凶險複雜的派系鬥爭漩渦裡去，也仍舊是爲了要保住實現理想的機會。

可是他們畢竟連這個機會也沒能保住。靳輔罷官，一生事業所繫的黃淮河務任由他人糟蹋、毀壞；陳潢被捕，倉皇就道，竟然就死在押解進京途中。可是與此同時，明珠即使罷相，仍舊保有內大臣職位，吃得好睡得香，在府邸中保養得紅光滿面，優游自在；與此同時，索額圖還是領侍衛內大臣，儘管權勢稍減，依然是政壇狠角色。

這就是故事裡令人傷感的地方：一齣由好人通力演出的悲劇戲碼。靳輔等人或許使用過不正當的手段，但他們心中最初的理想，始終不曾被忘記；郭琇與于成龍，他們追求的是公理和正義，即使已經不自覺地，成爲政治鬥爭的工具；至於康熙，他原先既要治河順利，又要政局穩定，當群臣派系之間的爭鬥超過他所能容忍的範圍時，他選擇了先維持後者。

那故事裡應該要登場的魔王、壞人呢?那些眼中只有官位,心中只放銀票的小人呢?他們卻因爲種種原因,受到保全,不受制裁。

這麼看來,生命豈有純粹的黑與白,簡直就是一團撕扯不清的爛泥。也許,這就是人生的眞實面貌,政治的殘忍眞相。也許,即使是像康熙這樣的英明之主,也有無法顧及的無奈與殘酷。

魑魅搏人應見慣,總輸他、翻雲覆雨手。——顧貞觀詞〈金縷衣〉

那麼黃河呢?靳輔被罷之後,康熙差遣五名大臣,全面調查他的治水作爲。臨行前,康熙對他們一再叮嚀,要秉公考察靳輔的治水成績,「是曰是,非曰非,從公而言。」後來五名欽差大員回來報告:黃河兩岸都築有堅固的高堤,河道束窄,使河底刷深,並沒有潰決的危險,康熙聽後默然良久。在靳輔去職之後,一直沒有找到得力的人選,接替總督職位的王新命,雖然爲官清廉,對治河卻沒有想法,於是在康熙三十一年(一六九二年)二月,靳輔回任河道總督,這也象徵「束水攻沙」的決策,再一次獲得康熙的支持。

落職三年多以來,飽含挫折與羞辱的靳輔,又回到了黃河任上,他要做的第一件事,就是找回老搭檔陳潢,還他職位,以及最重要的清白。可是,靳輔等到的,是吏部與刑部

的回文：台端所詢陳潢，已死於逮捕入京途中，人既然死了，官也就不必復了。（部議以潢已卒，寢其奏）

或許是史料不足，可能是史官缺筆，我一直不能理解，陳潢爲什麼要被如此殘酷的對待。在小說裡，康熙鍾情的蒙古女子傾心於陳潢，引來玄燁的妒意，非去而後快不可。這種說法，在正史上是沒有根據的，只爲康熙的冷酷無情開脫，卻無以慰藉陳潢的一生不幸。

兩眼積滿淚水的靳輔，咬牙努力工作，這年冬天，西北發生饑荒，靳輔拖著疲憊的身體，奔波於黃河、漕運沿線運輸賑糧，竟然一病不起。康熙知道消息，「臨軒嘆息」，派明珠去探望病危的靳輔。這兩個宦海浮沉的滄桑人，再相見已經是百感交集，已經成生離死別，他們可以有千言萬語，可是相見卻只是默然。

許久，靳輔終於開口，他交給明珠一本書：「這是陳潢寫的《河防述要》，是他一生心血，煩請明相轉呈皇上。」

我們不知道此刻明珠臉上的表情，但是如果這位前任內閣領班大臣，此刻心中正翻湧過無數的回憶畫面，那他的雙眼應該也飽含著淚水吧？

「靳輔自受事以後，斟酌事宜，相度形勢，興建壩堤，廣疏引河，排眾議而不撓，竭精勤以自救。於是淮、黃故道，次第修復，而漕運大通，其一切經理之法具在，雖嗣後河臣互相損益，而規模措置不能易也。……其有功於運道民生，至遠至大。」

這是康熙給予靳輔的評價。我認爲，也是對陳潢的評價。而縱使千言萬語，也只是隱含了康熙虧欠陳潢的一句話，一句對不起。

在靳輔之後接任河道總督的，是康熙極爲倚重的清官小于成龍。此時國家財政稅收已大爲寬裕，可以撥給河工的款項也提高了很多。可是，于成龍仍舊是那個不相信「束水攻沙」理論的于成龍，雖然他在口頭上勉強答應皇上，要按照靳輔舊規，卻很不盡心，所以康熙後來說「于成龍不遵朕旨，致無成功。」

不聽話的于成龍病逝後，康熙調來願意聽話的兩江總督張鵬翮擔任河道總督。張鵬翮是四川遂寧人，歷任兗州知府、江南學政、浙江巡撫等官，康熙因爲他居官清廉，而且願意聽從指示，束堤沖沙，不會自以爲是，認爲他是擔當治理黃河大任的適合人選。康熙在「束水攻沙」的大方向上，不斷指導張鵬翮作各項細部的補強與修正，黃河兩岸的堤壩規模，終於漸次建立起來。

順便提一下，這位張鵬翮，也是康熙九年的進士，取在三甲第一百二十二名。

康熙四十四年（一七〇五年）閏四月。展開第五次南巡的玄燁，在總河張鵬翮與一班大小官吏的陪同下，來到惠濟祠觀察水勢。他登上堤壩高處，席地而坐，平眺滾滾翻浪。

這裡是黃河與淮河、漕運交匯之處，原本洶湧的黃水，已被較清的淮水逼退，水位下降，堤壩牢固。帶有陣陣水氣的風，迎面吹來，皇上回過頭來，欣慰地對群臣說：康熙三十八年以前黃水泛濫，凡爾等所立之地，皆黃水也。那時黃河之水幾乎與堤岸同高。後來漕運疏濬，堤岸漸漸高過水位。今天來看，河岸又高過水位一丈有餘，「清水暢流逼黃，竟抵北岸，黃流僅成一線，觀此形勢，朕之河工大成矣！朕心甚爲快然。」

河堤上的康熙，此時已年過五十，吏治整飭，黃河清暢，他心情甚爲愉悅。三百餘年以後的我們，讀到康熙曾經有過這樣一個時刻，同樣也爲他感到欣慰。

第六章 走在聖君的道路上

兩種面目的康熙，是否互相矛盾呢？一點也不。康熙的真實面貌，就應該是自律與放縱並存，勇健和懶逸同時具備。有著凡人也有的性格，卻能把握命運，完成諸多事功，這才是玄燁這個人了不起的地方。

在前面幾個章節裡，我們看過了康熙皇帝由少年到中年經歷過的生涯重大事件，在這最後一章裡，要介紹的則是康熙王朝的中晚期，以及回答下面這兩個更重要的問題：康熙是怎麼走上聖明君主的道路的？而什麼樣的標準，才算得上是一位英明的皇帝？

怎樣才能算是一位好皇帝？這涉及到當時與後世對這位皇帝的評價。如果簡單地用白話加以綜合歸納，要成爲一位好皇帝，有以下幾個條件。

首先，他（或她，比較少見）的命必須夠好，心地好，身體也要好（請先不要罵我廢話，這麼說是有道理的），接下來，書讀得好，武功也好，能夠讓大臣與老百姓，不分族群，不論黨派，通通皆大歡喜，一起過好日子，最後，還要作天下百姓、乃至海外各邦的道德楷模。以儒家經典《大學》上的話來說，那就是「格物、致知、正心、誠意、修身、齊家、治國、平天下」這樣的八重同心圓程序進路。上述八條件，只要具備三到四個，便是中上之主；具備四個以上，就是英明睿智，八個都有，便是皇帝界裡面的傑出人才，極品中的極品。

而在這裡要先提出來的，是上面這些條件是爲受到皇帝統治的人們所整理出來的，雖然看似有先後順序，但實際上帝制時期國與家一體，所謂「率土之濱，莫非王土」，天下百姓都是天子轄下的子民，皇上的家務事也可能是天下第一等國家大事，所以，每一個條件都與其他幾個環環相扣，密切相連。

舉個例子，皇上家庭如果不和諧，不但會造成嚴重的政治影響，還會影響到皇帝陛下的心態，而皇帝的心態如果不夠健全，就沒有辦法以強大的魄力來治國，如果國家不能被治理好，天子自然也就不能作爲天下的道德表率。繞來繞去，一切是一個圓、互相關聯啊。

接下來，我們就以上面說的八個條件，當作大致上的框架（不拘順序），看看康熙皇帝如何走上這條聖君之路，他的偉大，以及他的缺憾。他所走上的這條路，就是現在特別爲各位讀者重啓的系統，這個由秦始皇起開始運作，一直到一九一二年才被關閉的遊戲伺服器——「皇帝Online」。

如何成功登入「皇帝Online」

古往今來，你的命要夠好，才能夠成功的登入這個系統，坐上金鑾殿的須彌龍椅寶座。

是的，你的命不僅要好，而且還要夠好。因爲本系統會在你登入系統之後，還來上一段試用觀察期，沒通過這段觀察期的使用者，會被系統自動登出，換回古代用語，就是身敗名裂，國破家亡。

而且，本系統的頻寬，隨著時間推移，竟然愈來愈狹小，每段時期只容許一位會員加入，如果同時有三個使用者申請加入（比如曹丕、劉備、孫權），系統可能會通通不授予存取資格，要是有人企圖冒名登入（比如吳三桂老爺），查到了就吊銷使用資格。甚至，如果在本系統休眠期間（不確定還會不會重開），貿然重新開啓遊戲者，也永久取消其使用權利（比如，洪憲皇帝袁世凱）。

康熙皇帝玄燁於西元一六六二年，也就是康熙元年，正式登入此系統。他不但命好，而且眞的還不錯。

這裡所說的命好，並不是空話一句。誠然，能當皇帝的人，不能說是歹命。但是裡面還是有些分別的。有的人能夠當上皇帝，是靠自己拼搏擊殺大半輩子，才辛苦打下的江山，譬如明太祖朱元璋。也有的人雖然得到天下，卻得先讓老爸來坐，比如唐太宗李世民和他的曾孫李隆基。反過來說，像同治和宣統這兩位皇帝，雖然命也不錯，是由別人放上寶座的，但是他們還沒有意識到自己命好，就下台一鞠躬了。

康熙在這點上，算是運氣不錯，天下不是他打下來的，皇位和王朝也不需要他來創造，順治在世的幾個兒子裡，只有他身體健康、相貌健全，足以繼位；他更可以借重祖母孝莊太后的經驗（看過前面幾位系統使用者）與輔政大臣的輔佐，第一次當皇帝（其實也沒有第二次的機會）就順利上手。

好運氣還不止於此。當時的世界形勢也是一片大好：清史學者閻崇年先生說，康熙皇帝執政期間處在西方強權兩次崛起的高峰中間，所以外患不多也不強。確實，當時歐洲前一波的強權「兩牙一蘭」——西班牙、葡萄牙加荷蘭的海上霸主地位，已經逐漸被後起之秀大英帝國給打趴在地，可是工業革命帶來的技術突破和殖民狂潮，此時距離康熙的時代還有將近百年的時間。沒有歐洲列強的頻加干預（當時沙俄在遠東的力道太弱，可以不算），康熙才能夠大顯身手。否則，同治和光緒皇帝也有大臣輔佐，老母（親爸爸慈禧）幫襯，同樣也擺平了南方的叛亂（太平天國），怎麼國運就愈來愈江河日下。

可是，除了命好以外，還能看出來的，是康熙的氣魄。他其實大可以選擇當個守成之主，不去處理權臣與三藩的問題。因爲鰲拜儘管再猖狂，是沒有篡位野心的；而吳老爺如果你不先去惹他，時間久了閻王爺也會替康熙執行撤藩。然而康熙不等到事情變得複雜棘手，便勇敢的向困難挑戰，雖然不乏衝動和錯誤，但是終於都能成功。這樣的難度，並不亞於開國君主，這也是爲什麼雍正給康熙的謚號是「聖祖」，在世祖（順治）入關之後，所有的難題（鰲拜、三藩、台灣），都在他的手上得到解決，大清的規模也在他手裡奠定，和開國皇帝實在沒有什麼不一樣（實同開創）。

而上面提到的這些難題，實際上就是本系統給予使用者的觀察期。這個觀察期可長可短，但是重點不在長短，而在於是否能通過。下面就有請皇帝界裡，沒有通過觀察期考驗的失敗者，崇禎皇帝朱由檢，出來與康熙皇帝玄燁作個比較。

冤枉啊！崇禎皇帝！

作爲所謂的「千古一帝」，康熙皇帝通常是和古往今來的偉大君主，比如時間縱向的唐太宗、明成祖，乃至空間橫向的法國「太陽王」路易十四（Luis XIV, le Roi Soleil）、俄國的彼得一世（Peter the Great）等作比較，至於各種讚美，什麼勵精圖治，什麼華夏天威，這裡就不多說了。

而作爲替大明王朝關門收攤的末代皇帝，還兼背負著剛愎自用、自毀長城、自以爲是、自戀誤國等等與「自我」有關的罵名，崇禎皇帝理所當然的和一大群亡國之君放在一起比較。甚至，當今之世，還有一些據說是什麼大師名嘴的無聊人，創造出「崇禎型人格」這類專有名詞，以便扣在現代政治領袖頭上，看來崇禎兄眞是一黑到底了。

然而，假如我們偏要將這兩位平常絕對湊不在一起的皇帝，放在一起比上一比，則崇禎皇帝朱由檢，未必比康熙皇帝愛新覺羅．玄燁來得遜色，有些地方甚至更爲傑出。

譬如，都說康熙年方十六，就廟謨獨運，智擒鰲拜（雖然我們都知道，孝莊太后才是藏身幕後的眞正功臣），但是那也花了少年康熙將近兩年（康熙六年親政）的時間，逐一布置，緩步推進，在索額圖、明珠等人的幫助下，才有了康熙八年少年侍衛一擁而上，亂拳打趴第一勇士鰲拜的那幕。

這段光榮經驗，如果拿來與崇禎兄相比，那還眞不是普通的遜色。崇禎朱由檢剷除的，是中國歷史上太監人妖亂政的終極版本，明朝末年最恐怖的大反派、大變態：「九千九百歲」魏忠賢。關於魏公公如何囂張跋扈、心理變態、無惡不作，因爲和本書主題沒有直接關係，就略過不提了，這裡要說的，是時年十七歲的信王朱由檢，在老哥天啓駕崩、登基爲帝後，爲了扳倒魏大太監所花費的時間。剷除這個勢力包山包海，黨羽爪牙遍布全國的大太監，剛剛即位的崇禎花了多少時間呢？

答案：六十七天。天啓七年（一六二七）八月二十四日朱由檢登極，同年十一月一日，打發九千歲魏忠賢去鳳陽守陵，五天後，魏公公自殺身亡。

整個政府裡都是魏忠賢的人，皇宮裡伺候茶水更衣掌燈的宮婢宦官，也全是魏公公的眼線，朱由檢不像康熙，沒有祖母可以依靠，沒有英雄蓋世的祖父皇太極可效法，也沒有像索額圖這樣的心腹大臣可以密召商量；他的哥哥天啓皇帝朱由校是個木匠兼文盲，老爹朱常洛當上皇帝才二十九天，就因爲吃春藥（紅丸）暴斃，祖父萬曆皇帝朱翊鈞則是個神隱二十年、不見群臣的懶惰鬼、守財奴。

然而崇禎只花了這麼點時間，就把這個發展數年、盤根錯節而群魔亂舞的共同犯罪體制（閹黨）一舉摧垮，在這個眞正能夠稱得上是「步步驚心」的過程裡，十七歲少年朱由檢表現出來的鎮定、堅忍、冷靜、敏銳、果決、工於心計，實在令人驚訝、令人佩服。

更別提他上台以後，極爲勤政，幾乎天天召見閣臣，每天只睡上四、五個小時；也不好色，後宮沒有佳麗，嬪妃少得可憐。他所承接的可不是像大清那樣新興有朝氣的政權，而是兩百多年的沉重歷史，這是祖先所交下來、早已千瘡百孔而東搖西晃的重擔。明朝的財稅問題已經病入膏肓，加上爲了要抵抗滿洲入侵而加派的稅餉，導致惡性循環，官逼民反，流寇四起，幾乎整個中原都淪爲戰場。這樣難以回天的局面不是崇禎造成的，然而他扛下這個責任，全力以赴，在他執政期間，提拔了不少人才，從孫承宗、袁崇煥，楊嗣昌、陳奇瑜，到洪承疇、盧象昇，個個都不是等閒角色（除了少數例外），他們拼了命的剿匪（流寇）抗敵（後金），居然隱約有中興氣象。實際上，在崇禎十一年（一六三八年），當張獻忠不支投降，闖王李自成帶著十八個人突圍出來，翻進山溝裡的時候，朱由檢幾

崇禎皇帝朱由檢：勞心勞力，最後國破家亡，身敗名裂。

乎就要辦到這個不可能的任務。

是的，我是說幾乎，要不是遭受後金（後來的大清）和流寇的雙重、內外夾擊，崇禎幾乎就能夠力挽狂瀾了。雖然康熙朝也有三藩之亂，但是遠處南方，規模也不能和明末相比，而崇禎所面臨的內外交困慘況，還是那句老話，換成玄燁來，也不一定能撐得比朱由檢久。

至於那些指稱崇禎一朝黨爭連連的人，其實可以對照一下我們前面所談的康熙朝朋黨之爭，這些滿漢大臣同樣也是正事的不作、內鬥的專門，比起明末群臣並不遜色，而且更厲害的是，他們還更能堅持纏鬥，從康熙年間一路互咬到雍正初年，在這方面，算是給清朝爭面子。

那麼，難道崇禎不是「自毀長城」，冤殺了在遼東抗清的督師袁崇煥嗎？不是的。雖然袁崇煥的確是明朝遼東山海關防線的重要人物，但他並不是抗清長城（本書在前面提到袁大人時，在移動長城前面，都是加了引號的）；而且，袁崇煥本人的行為，也不是完全沒有問題的。

我曉得各位看過金庸小說《碧血劍》以及卷尾〈袁崇煥評傳〉的讀者，已經默默抄起身旁的傢伙要打過來了，但是請容作者把話說完，再打不遲。首先，袁大人誠然是具有烈火般決心意志的戰場指揮官，但是他並不是整個關寧防線的設計師，真正一手組建起這條堅強防線的人，是內閣大學士、督師孫承宗，他才是不需加上引號的抗清長城。大家別忘了，在崇禎三年（一六三〇）袁崇煥被殺之後，大明並沒有馬上跟著垮台，而是在內外交逼之下，又支撐了十四年；因爲，督師雖死，長城（孫承宗）猶在。

而且，儘管確實有耿耿的忠心，袁大人卻完全沒有政治智慧和判斷力。才剛上任，還沒殺敵人，先砍自己人：皮島總兵毛文龍，這已經使得崇禎大爲不滿；他的抗清戰略，純屬以拖待變，耗用朝廷大量銀兩，而無所作爲，任何執政者都無法忍耐；崇禎二年，皇太極帶兵入侵，史稱「己巳之變」，清兵打進長城，直趨北京，此時無論如何，就是不能讓敵軍兵臨城下，以免產生政治海嘯，引發民心恐慌。孫承宗看出了這點，通知回軍防守的袁大人，應該在薊州、三河（今河北薊縣）一線布防，擋住皇太極，可是袁崇煥眼中，只看到北京有堅城可供防守，一心想引清兵深入，在北京城下與清兵決戰。因此，他竟然只是一路跟著清兵走。實際上，就是這點，到了最後，一環扣著一環，葬送了他的性命。

老實說，之所以繞了一大圈，扯了許多看來和康熙無關的明末往事，還替崇禎申冤，那是因爲這與接下來所要說的，有密切的關係：一直以來，我們都認爲「要不是崇禎自毀長城，殺掉袁崇煥，明朝或許不會滅亡」，或者是「縱使崇禎是個認眞的皇帝，但是他有太多的缺點如（括號內可以任意塡入）等等，最後毀了大明。」

把上面這種想法，一代又一代根植在我們腦海裡的人，就是康熙皇帝。他爲什麼要這麼做，稍後會繼續討論。

而至此我們已經知道，崇禎之所以失敗，未必是剛愎自用，未必是自毀長城，實在只因沉痾難救，實在只是命運不濟。崇禎沒過關的悲劇，竟然成了之後康熙過關的喜劇劇本，歷史到此，何其弔詭。

順便提一句，有個人，先是扯過崇禎的後腿，後來又和康熙作對，那就是我們的熟人，吳三桂老爺。

佟氏一門半朝廷

崇禎與康熙兩個朝代之間的神祕連繫，還不只於此。大明崇禎五年、後金天聰六年（一六三二年），額附佟養性去世了，他為後金建立過不少功勞，包括替皇太極組建、訓練一支炮兵部隊，為此皇太極還特地將一位公主許配給他。

佟養性是住在撫順的漢人（或據說是高度漢化的女真人），他跟著老哥佟養正，舉家投降後金，佟養正的來頭更大，本來是明朝的副總兵級都指揮使，算是當時帶槍投靠後金的漢人（或者漢化滿人）裡，官職最高者，很快成為後金的重要人物，沒想到天啟元年（一六二一年）五月，明朝平遼副總兵毛文龍帶兵偷襲鎮江（今遼寧丹東），抓到了佟養正，帶回京師處死。八年之後，在關外一邊走私，一邊牽制後金的總兵（升官了）毛文龍，也被人砍了祭旗，下手之人，就是前面說到的督師遼東袁崇煥大人。

佟養正的兒子佟圖賴（這名字肯定是滿文音譯）被編入滿洲鑲黃旗，後來還獲得一等公的爵位，統領漢軍正藍旗。他的女兒嫁給順治皇帝為妃，改姓佟佳氏，佟妃生下了順治的皇三子，也就是康熙皇帝。

康熙的生母，也就是佟妃，有兩個兄弟：佟國綱與佟國維。佟國綱承襲父親的一等公爵位，長期擔任領侍衛內大臣，康熙二十九年，率軍扈從皇上親征噶爾丹，在烏蘭布通之戰陣亡。他的弟弟佟國維則從康熙九年起擔任內大臣，十二年晉議政大臣，在康熙二十八年也受封為一等公，到康熙四十三年因年老退休為止，躋身權力內圈長達三十年。佟國維的兩個女兒都入宮為康熙的貴妃，大的那位先是封為皇貴妃，於康熙二十八年病重臨終時，又冊立為玄燁的第三任皇后，即孝懿仁皇后。孝懿所生子女，不幸都夭折，為了聊慰膝下空虛，康熙十七年，她聽說一位地位不高的嬪妃生了兒子，便將小嬰兒接進宮來親自撫養，長達十年之久，這個小男嬰，就是皇四子胤禛，日後的雍正皇帝。

佟家來到下一代，取名更加滿洲化：佟國綱的兒子鄂倫岱，入滿洲鑲黃旗，任領侍衛內大臣；佟國維的三子隆科多，則在康熙五十九年（一七二〇年）獲得皇上的重用，以步軍統領兼任理藩院尚書。

康熙對自己娘舅家人很好，時常加以提拔，所以佟家子弟顯赫一時，占據許多政府高官的位置，這就是所謂的「佟半朝」。然而，就在這樣繁榮昌盛的表象底下，有一股神祕的政治暗流逐漸集結匯聚，對於康熙皇帝的後期政局，以及他的晚年歲月，產生不小的影響、構成很大的威脅。這一切，都要從康熙四十二年開始說起。

這一年，原來權勢薰天的索額圖突然被逮捕，他門下不少黨羽也紛紛被罷斥，可是，同時被皇上暗示要打報告申請退休的重臣名單裡，還得加上一個佟國維。

在此，我們且不去討論佟國維被逐出決策圈的各樣原因，因為如果將他的去職，擺在索、明（珠）之間黨爭的時空背景下來看，脈絡就清楚了：對康熙而言，在打擊太子黨勢力的同時，反太子黨的勢力也必須加以遏制，否則政局會再次因索額圖一黨的失勢而失去平衡。而手握重權的佟氏一族，正是站在反對太子、支持皇長子胤禔這邊的。在康熙四十八年胤禔、胤礽相繼倒台、廢黜之後，他們在退休的佟國維帶領下，又圍繞在皇八子胤禩的身邊，為他積極奔走，爭取太子的寶座。

這批八爺黨大將，除了佟氏家族成員之外，還要加上馬齊和揆敘。馬齊，富察氏，滿洲鑲黃旗人，他是康熙初年重臣米思翰之子，歷任山西巡撫、左都御史、兵、戶部尚書等職，後來入閣為武英殿大學士，成為康熙朝後期的內閣領班大臣。原皇太子胤礽被廢之後，康熙本來要求眾臣工推舉新東宮人選，馬齊熱心的四處串聯，在手心上寫「八」字，逢人就爲胤禩拉票。至於揆敘，他的父親，正是曾權傾一時的明珠，就不用多作介紹了。

康熙的最後十年，就在處置自己的兒子們，與佟氏子弟身上，耗費了大量的心力，賠上了他的健康，最後幾乎一無所得。

還好，幾乎一無所得，並不是全無收穫。至少，佟佳氏家族裡有一個人，暗地裡向康熙表示效忠，保證在關鍵時刻必定會執行皇上意旨，讓康熙不會孤單一個人戰鬥。究竟這個人是誰，稍後就會揭曉。

皇權不假他人之手

現在讓我們回過頭來，看看康熙皇帝的日常生活，他是如何執行他的天子職權。

康熙皇帝每天的工作行程大致如下：大清早起床之後，上班之前，先令皇子們背誦昨天學習的《四書》章節，並且時時抽問、檢查作業；辰時（上午七至九時）御門聽政；之後進行經筵，由講官進講；午時（上午十一時至下午一時）給太皇太后與皇太后請安，或者查考皇子功課；未時（下午一至三時）進行接見活動，召見前來進謁的蒙古王公大臣、各國使節，或是外地進京官員；如果當天沒有安排官式接見，就往暢春園的無逸齋考察皇子們（尤其是太子）的功課，有時還測驗武術（射箭）；接下來，皇上回宮辦事，或者批閱奏摺，或者召見大臣詢問政事；酉時（傍晚五至七時）之前如果有片刻的閒暇，正好皇上心情也不錯，就會進行學術研討會，要不和翰林學士研討經學，便是演算數學幾何。酉時起是皇帝的私人時間，或者處理白日未完公務，思考人事安排，或者是臨幸後宮，創造宇宙繼起之新生命，我們就不便打擾了。

在這裡要說明的是，這樣的行程或許在時間和地點上作過更動，但是自從康熙六年皇上親政以來，就貫徹到康熙六十一年，皇上嚥下最後那口氣時爲止，數十年如一日，規律作息，這是非常不簡單的事。這是修身，也是齊家，更是治國平天下。

先說向兩宮太皇太后、皇太后請安這項活動，看來平凡，其實不簡單。康熙每天固定向皇祖母、皇額娘（孝惠章皇后博爾濟吉特氏，不是生母）請安，在政治文化上，這叫以身作則，親身力行國家提倡的孝道；從私人感情來講，康熙對她們的晨昏定省，確實是既孝順又親愛的表現。

康熙八歲喪父，十歲不到，生母又撒手而去，孝莊太皇太后不只是玄燁在政壇上最強硬的後台，更是他唯一的直系親人，晚年的康熙曾回憶：「朕小時候就失去雙親（憶自弱齡，早失怙恃），全賴祖母三十餘年來的養育教導（趨承祖母膝下三十餘年，鞠養教誨，以致有成）。設無祖母太皇太后，斷不能有今日成立。」他對祖母不但尊敬有加，而且關懷備至，這裡面不但是對祖母的感恩敬愛，也是康熙對於自己和父母緣淺缺憾的移情與彌補。康熙二十六年，孝莊中風，康熙衣不解帶，親自侍奉湯藥，一連好幾個月；孝莊病重，康熙不顧嚴寒，步行到佛寺祈福，甚至願意減去自己的壽命，好延續祖母的生命。然而這年年底，七十五歲的孝莊終於還是病逝，皇帝痛哭至數次昏倒，並且剪去髮辮，表示自己身體的一部分，也隨祖母而去了。

孝莊太皇太后崩逝之後的三十年裡，康熙和嫡母孝惠皇太后的感情日漸加深。康熙五十六年（一七一七年）底，太后病危，當時年老的康熙，已經因爲兩廢太子，加上幾個兒子內鬥，身心俱疲，怒火攻心，導致身體大壞，甚至還需要人攙扶，但是他還是掙扎著到皇太后跟前侍奉照料。從上面這些行爲裡，可以看出康熙的孝順，不但有儀式上的意義，同時也是眞情流露。

再說康熙的「御門聽政」。所謂「門」，指的是通往康熙居住的乾清宮之門，也就是乾清門。康熙每天清早到這裡召見眾臣，舉行政府機關聯席會議，是爲「聽政」。會議召開的時間，春、夏天是早晨七點，秋、冬天是八點（辰時正刻）。參加會議的人員，通常是六部與理藩院尚書、侍郎、內閣大學士、監察機關（都察院和六科）主管堂官，以及專案報告人員。會議進行的方式，是由官員出列，向乾清門上端坐的皇帝報告各項政務的處置方案，稱爲「奏事」；皇帝作出許可或否決的決定，或是要求再議，稱爲「降旨」。乾清門聽政，從康熙開始，就訂爲大清的祖制，一直堅持到清朝關門打烊爲止。

在康熙定下這御門聽政制度以前，皇帝和大臣已經很久沒有這樣見面開會了：明朝後期那幾位皇帝，躲在深宮，透過內閣操縱政治；順治皇帝雖然每隔十天（一旬）就聽政一次，但是後面幾年他先是深陷情網，後來又看破紅塵，也就無暇顧及於此了。

需要澄清的是，所謂御門聽政，和今日各種電視劇裡那種乾清宮裡，大臣們紛甩馬蹄袖、三跪九叩首、三呼萬歲的場景，是相當不同的。在乾清門舉行的聽政，是日常的政務會議；在乾清宮（或太和殿）召開的那種大場面，叫作典禮儀式。

康熙皇帝自從親政以來，幾乎天天御門聽政，即便人在外處（比如南巡、東巡），也照常舉行。這是因爲他認爲「爲人君者，若不面見諸臣，則政何以理耶！」他對於奏摺的批閱，也毫不放鬆，堅持自己批寫，即使晚年（康熙五十四年）疑似中風，右手無法握筆，就改成左手批答，絲毫不假手他人，因爲康熙堅持皇權必須獨攬，絕對不能由其他人來代勞。這是康熙基於歷史教訓，對於皇帝身分和職權的清楚認知。

而且，除了親自會見大臣、從交談當中了解政務推動、民生疾苦的御門聽政之外，康熙還有一個蒐集情報的祕密管道，那就是下一節裡要介紹的內務府包衣和祕密奏摺。

內務府包衣：康熙的多功能密探

大明天啓元年、後金天命六年（一六二一年），努爾哈赤攻陷遼陽，擄獲許多漢人，他們不分男女，都被撥給八旗旗下各個牛錄（佐領）充當奴隸使用，其中有個不怎麼起眼的年輕人，名叫曹振彥，遼陽當地人氏，他被分發到正白旗下，這個旗的旗主，當時是多爾袞。

時光飛逝，物換星移，已經是大清順治年間，正白旗在多爾袞死後，收歸皇上直轄，而經過努力奮鬥，曹振彥出人頭地，當上了五品的知州，他的兒子曹璽，被收進內務府當包衣（滿洲語的「家奴」），曹璽的妻子孫氏，奉命照顧一位皇子，接下來的故事，各位讀者應該都清楚了：皇子成爲康熙皇帝，曹家就跟著發跡；後來幾經浮沉，世事滄桑，雍正皇帝查抄了曹家，而曹家後人卻留給後世一部《紅樓夢》，像是對無情的世道，作出華麗而又蒼涼的一聲長嘆。

不過在此，我們要說的是曹家的身分問題。問：如果皇帝直轄的上三旗（鑲黃、正黃、正白）旗人是皇上的奴才，那從小哺乳、照料皇帝的包衣呢？

答：是有養育之恩的奴才。

正是看上了這樣的身分、還有這層與皇家的親密關係，康熙決心要培養這群內務府包衣，成爲直屬皇帝本人的特派密探。

讀者們都清楚，明朝時的太監，功能那是多了去了，他們不但在宮裡侍候皇帝起居、代寫朱批（司禮監），還能指揮特務（東廠）、民間設廠採購（織造）、在地方徵稅開礦（稅監、礦監）、負責軍隊思想工作（監軍）、甚至是地方軍政特派員（鎮守太監）。所以，儘管明朝太監不像漢、唐的宦官那樣囂張，膽敢直接弒殺皇帝，但是無所不包的職掌，以及畸形的制度設計，終於使得明朝這片肥沃的土壤，最後開出了魏忠賢這樣一朵璀璨的人妖之花。

大明倒店收攤，大清記取明代宦官濫權干政這個教訓，對宦官加以限制，尤其，社會上對太監觀感這麼差，新朝代自然不能重蹈覆轍，讓他們在外面招搖。但是皇上依舊需要文官系統之外的第二管道，能夠蒐集、打探情報，以免被官僚所蒙蔽；更重要的是，滿洲皇帝需要有能忠於皇帝的漢人，為他攏絡知識分子、評估漢人民心。

而內務府的包衣，論族群是漢人，論身分是皇上家奴，以關係而言，他們和皇上從小一起生活，從政治傾向而論，絕對忠實可靠，不但了解漢人習俗，又熟悉滿人生態，更重要的，他們都不是宦官太監，沒有觀感惡劣的問題，用作皇上的耳目，真是再理想不過了。

早在康熙二年（一六六三年），皇上的奶公曹璽就被安排出任江寧織造一職，這是隸屬皇宮內務府的機構，專門為宮廷準備布料衣物。曹璽在這個位置上兢兢業業，一直到康熙二十三年過世為止。皇上授與他一品工部尚書銜，後來於康熙三十一年，還讓他的兒子曹寅繼任江寧織造。曹家從曹璽開始，壟斷江寧織造長達六十五年之久。

曹寅，字子清，號楝亭，從小在康熙身邊當跟班，一起讀書、遊戲，長大後入宮擔任二等侍衛，之後轉往內務府任職。在二月河的小說裡，那個武功高強、對康熙又忠心耿耿的「魏東亭」，影射的就是曹寅。康熙二十九年，曹寅以內務府廣儲司郎中（處長，從五品）銜，出任蘇州織造，後來又兼任江寧織造。他與另外一位內務府包衣李煦（後來結爲姻親，是曹寅的妹夫）輪流出任兩淮巡鹽御史。康熙皇帝六次南巡，除了第一次以外，後五次都以曹寅位於南京的江寧織造署爲行宮，在皇上南巡之前，皆由曹寅出面，以整修行宮爲由，號召兩淮鹽商樂捐經費。

像曹寅、李煦這樣的官員，負責製造布匹衣物、上交宮中的本職，是他們的表面身分，曹寅等人的眞實身分，是直屬皇上的密探，代表康熙監察南方官員，並且替皇上蒐集各項情報。這些情報，都寫在祕密奏摺當中。起先他們向康熙報告的，是地方官員的操守、農作收成等情報，後來內容無所不包，從雨水氣候到文壇趣聞，從督撫不和到神棍歛財，甚至誰寫了一幕新劇本，誰家老娘作七十大壽這類事情，都可以寫成密摺，上奏康熙。

對於這類報告江南情資的祕密奏摺，康熙十分要求它們的保密性質，他曾對李煦說：「凡有奏帖，萬不可與人知道！」又曾指示曹寅：「凡參摺不可令人寫，但有風聲，關係匪淺，小心小心！」皇上對於曹寅等人的提供的情資，不論事情大小，都非常重視，例如康熙四十六年，皇上第六次南巡時，兩江總督阿山彈劾江寧知府陳鵬年貪贓不法，扈從的皇太子胤礽甚至「怒而欲殺之」，曹寅卻「免冠叩頭」，血流額頭，力保陳鵬年是清廉的好官，康熙最後採信了曹寅的說法。之後密摺在雍正皇帝時形成制度，被廣泛使用，成爲皇上獲取社會情資、官場風氣的有效管道。

從事文化活動，也是曹寅奉命進行的祕密任務裡的其中一項。他的文化水準不算低，書法造詣受到當時的名家認可，能夠作詩賦詞，還可以譜崑曲，和江南一帶的雅士墨客唱和。康熙四十五年（一七〇六年），在朝廷的支持下，曹寅請學者整理、編輯《全唐詩》，並且刻印出版，今天我們讀的唐詩三百首，就是以這個版本作爲基礎濃縮的版本。

另外，曹寅等人還能爲康熙皇帝做人情。譬如有名的理學家，前禮部尚書、內閣大學士熊賜履病故之後，曹寅送了四百五十兩銀子到熊府。

問題是，曹寅既要編書印書，還要迎接南巡聖駕，負責這麼多的任務，花費的銀子從哪裡來？曹寅每年的俸銀，加上他江寧織造任上的特支費，不過三百多兩銀子，連支付前述接濟退休大臣的費用都無法打平。

所以，他必須有體制外的收入，也就是貪污。曹寅與李煦輪流擔任兩淮巡鹽御史，負責鹽引（專賣許可證）的管制發放，以及鹽課銀兩上繳朝廷，這就是他們能從中作手腳、獲取不法財源之處。對於這群內務府出身的包衣密探挪用虧空公款的情形，康熙本人是清楚的，但是他也是有苦難言的：套句《紅樓夢》裡趙嬤嬤的話，曹寅等人實際上是「拿著皇上家的銀子往皇上身上使」——整修的行宮，是康熙在住；拉攏的人心，爲的是讓康熙用，請來的戲班子，也是康熙在欣賞；這種皇帝默許的虧空，對康熙一朝後期的風氣，起了非常不好的示範作用，曹家在康熙身後，遭到抄家的命運，也就此確定。

曹寅的吟風弄月、送往迎來，不是吃飽了撐的，也非閒暇之餘進行的興趣，他是奉康熙之命，拉攏江南文人，爭取人心。而說到爭取文人向心，當中蘊藏了一個絕大的祕密，這就必須從康熙在文治上的種種作爲說起。

璀璨文治裡的祕密

康熙本人的學問很好。比起明朝那些皇帝，甚至是古往今來、大多數的中國帝王，他的學問都應該是名列前茅的。他不但對於知識有求知欲，讀書也很有方法。據玄燁兄自己的回憶，他五歲時就能手不釋卷，讀到忘記吃飯，弄得孫奶娘（曹寅的媽）還得把書偷偷藏起來不讓他讀。

他對於儒家經典的吸收，也有自己的一套系統與次序。在康熙晚年之時，自己回憶說：

朕自五齡即知讀書。八歲繼位（踐祚），時常向身邊之人詢問《大學》、《中庸》的章句意義（輒以學庸訓詁，詢之左右），求得大意而後愉快。每天讀的段落，務必要每一個字都能背出（必使字字成誦），從來不肯自欺。在《論語》、《孟子》、《大學》、《中庸》的道理都能貫通之後，開始讀《尚書》，於典謨訓誥之中，體會古帝王孜孜求治之意，希望能效法實行。後來又讀《易經》，觀象占玩，實覺義理悅心，故樂此不疲耳。

不過《易經》內容實在太過深奧，康熙雖然反覆研究，還是無法明白，據他自己說：「朕資性不敏，獨於《易》旨雖極研究，終未洞澈耳。」然而坦白承認自己的不足，正是有自信的表現，比起許多「官大學問大」的人，康熙務實的態度，高明了不只一點。

出了書房，皇上更表露出對於漢族文明的衷心愛好、對往昔歷史的尊重。譬如三藩之亂還在進行時的康熙十七年，朝廷就召開「博學鴻詞」科，敦請「學行兼優，文詞卓越」之士，無論是否當過官，由地方官員舉薦，皇上親試錄用。博學鴻詞科當然是朝廷的特考，只要報名，必定錄取，目的是爭取更多漢族讀書人加入朝廷。當然，許多知識份子堅持「忠臣不事二主」的志節，不願為朝廷所用，稱病拒絕前來，比如顧炎武、黃宗羲、傅山、李顒等人，康熙也不加勉強；但是博學鴻詞科確實也為康熙招徠來一批學者，如彭孫遹、朱彝尊、毛奇齡、汪琬等人，進入朝廷作事。

這些原本的山林隱逸，進入政府負責什麼工作呢？康熙讓他們修纂明史。皇上的詔諭裡，顯示出坦蕩的態度，希望可以如實呈現明朝兩百七十七年的歷史，當中治亂興亡的關鍵所在。

康熙的用心，使漢族讀書人深受震動了：他們雖然仍舊不願參加滿人的政府，卻願意出面，協助清廷修纂明史。這明史編修過程裡面最重要的人物，首推史學家萬斯同。

萬斯同，字季野，浙江鄞縣人，生於明崇禎末年，從小就有「神童」美名，成年之後耕讀爲生，以黃宗羲爲師，專攻歷史。康熙十七年開博學鴻詞科，萬斯同也在受舉薦之列，他拒絕了；然而，當朝廷宣布要纂修《明史》時，萬斯同卻毅然以布衣（平民）身分，入北京明史館，撰寫明史初稿。乾隆時的大學者全祖望說，《明史稿》的五百卷，「皆（萬）先生手定。」尤其明末諸人列傳稿本（如李自成、袁崇煥等），據說都厚達兩巨冊。由於耗用眼力過多，萬斯同晚年幾乎全盲，康熙四十一年（一七〇二年），油盡燈枯病逝於北京王鴻緒府邸，年六十四。

沒有官職，沒有俸祿，姓名也沒份登上《明史》封面（「作者」是後來雍正、乾隆朝的大學士張廷玉），甚至死後，書稿還被王鴻緒、錢名世（助手）竊占。萬斯同卻無怨無悔，爲滿族政權修史，爲的是什麼？

因爲他相信了康熙的話，更因爲他相信：國（大明）可亡，史不可亡。這是他至死都肩負著的使命。

與被統治的漢族和解，也是康熙文化政策的主要目的。皇帝在江寧、揚州，看時下最流行、百姓最愛看的曲目（如《桃花扇》），召見文人，吟詩作對；登名剎古寺，信筆揮毫，題匾作詞，在文化上，與江南毫無隔閡。康熙六次南巡，頭一次就到南京明孝陵，親自祭奠大明開國皇帝朱元璋。除了視察河工以外，康熙南巡最主要的動機，就是在江南百姓面前，顯露出滿族皇帝對漢人文化的精通和愛好，顯露出他不只是異族的征服者，更是華夏大地合法而稱職的統治者。

又比如在玄燁的支持下，整理出版的許多著作：曹寅刻印的《全唐詩》，或者康熙四十九年（一七一〇年）開始修纂，六年後完成的《康熙字典》，裡面收錄有最齊全的漢字，旁徵博引，標明來處，至今還能夠做爲工具書。類似的作品，還有康熙五十年（一七一一）編修完成的詞典《佩文韻府》。

值得一說的，是康熙年間還編有「類書」（近似於今天的百科全書）——《古今圖書集成》。這部書的實際編者，就是前面出場過的陳夢雷先生。他自奉天被放回以後，康熙讓他在皇三子胤祉的書房裡專心編書，康熙四十五年，本書初稿完成，號稱「貫通古今，包羅萬有」。

康熙這種種作爲，被後世子孫說成是文治璀璨；被學者說成是「解文化的心結」，爭取士大夫的歸心；也被作家稱許他是以健全的心態、高遠的目光，引領著國家向前邁進：當漢族知識分子還想反清復明，滿族的帝王卻已經領著史學家在研究明朝、面對歷史了。所謂滿族的統治者，在奧妙高深的中華文化面前，謙卑的低下頭云云。

這麼說，都對，但是，後面包含著的動機，並沒有全被說出來。這個動機是一個深藏康熙心中的祕密：「亡人國者，必先亡其史。」掌握詮釋權，修改、塑造歷史，從文化基因裡，刪除不利統治的記憶，爲大清製造永遠的順民。

所以，當康熙四十一年，設於體仁閣的明史局，上呈按照玄燁「宜直書實事」的指示，由大儒、名史學家撰成的《明史稿》四百一十六卷給康熙御覽時，皇上讀後，竟大發脾氣，退回重新改寫。（上覽之不悅，命交內閣細看）

康熙爲什麼會生氣？是因爲《明史稿》說朱元璋的好話嗎？不會。他自己就曾在明孝陵題了「治隆唐宋」碑銘，稱讚明太祖。是因爲《明史稿》稱讚了張居正的改革嗎？不，康熙根本不會翻看那些段落。

是因爲這些漢族大儒的初稿裡說了實話，說了康熙不想看的實話，說了明亡清興的實情，說出崇禎之所以敗亡身死，全是因爲流寇和清兵的雙重夾擊，說出了袁崇煥在後金大兵直逼北京之時，不是立即遵命阻擋奮戰，而是帶兵尾隨長達五天，任由滿洲人在關內燒殺搶掠。

所以《明史稿》必須改，所以萬斯同的列傳初稿必須刪，所以袁崇煥必須是耿耿孤忠、白璧無瑕，所以崇禎必須是剛愎自用、多疑猜忌、自毀長城，所以孫承宗的角色必須加以隱蔽。所以大清入關，代明而興，才是如此順天應人。所以時至今日，大清亡國都超過一百年了，被康熙植入這個想法的人們，裡面還包括所謂的大師名嘴，還在自鳴得意，拿著康熙改造過的崇禎到處噴口水。

眞相大白了。所謂「直書實事」，不過如此。

《明史》在康熙這個指導方針下，由清廷文臣、官設史局繼續修訂，康熙朝，雍正朝，乾隆朝，繼續修纂繼續改。乾隆四年（一七三九年），正式修成三百三十六卷付印；到了乾隆五十四年（一七八九年），勘定完成，列入乾隆皇帝相當自豪的《四庫全書》當中，文化基因修改工程，大功告成。

所以我不得不說，玄燁的文治眼光，深埋不能說的祕密，著實厲害，並且成功。

三次親征噶爾丹

至於康熙的武功，前面已經說得很多。他平三藩、收台灣，都是十分了不起的「平天下」作爲。平三藩時他能化被動爲主動，轉衝動爲冷靜，修正錯誤，轉敗爲勝，了不起；收台灣時他能用人不疑，信任專業（施琅），和戰並用，減少傷亡，了不起。

接下來要說的，屬於替上面這些「了不起」錦上再添花的部分。

首先是康熙三次對漠北蒙古的準噶爾部首領噶爾丹用兵。話說在明末清初時，蒙古以戈壁沙漠爲界，分爲漠北與漠南。清朝入關之前，已經搞定了漠南和大部分的漠北蒙古，在漠北蒙古各部當中，還沒有完全臣服的，是喀爾喀部西邊的部族，在明朝時稱爲瓦剌，在當時稱做厄魯特蒙古。準噶爾部，就屬於厄魯特蒙古的四部之一。

準噶爾部信奉藏傳佛教，康熙初年時部落裡發生內亂，原來的首領僧格被殺，僧格的弟弟、在西藏當喇嘛的噶爾丹，自稱轉世活佛，回鄉平息亂事，當上了「琿台吉」（領袖）。康熙二十七年（一六八八年），噶爾丹取得沙俄的支持，趁喀爾喀蒙古內亂的機會，出兵三萬擴張地盤，攻殺了土謝圖部的大汗，喀爾喀蒙古其他諸部也被迫往南遷徙。

噶爾丹此舉，已經使以蒙古爲後院的清廷驟然警覺。因此在獲悉準噶爾部襲擊土謝圖部的消息後，康熙便加緊採取行動，首先進行外交折衝，派重臣索額圖與俄羅斯談判邊界，借此機會取得沙皇的承諾，不公開支持噶爾丹。接著又派欽差責問噶爾丹，調停糾紛，但是噶爾丹無意和解。

康熙二十九年（一六九〇年），準噶爾部原放牧地遭逢乾旱，於是噶爾丹以捕捉喀爾喀逃人爲名，率族人南侵漠南蒙古，還向康熙公開喊話：「皇上您管好關內就行了，北方交給小弟我負責吧（聖上君南方，我長北方）」。甚至擊敗清軍邊防部隊，其先鋒抵達烏蘭布通（今內蒙古克什克騰旗），距北京不到七百公里，京師因此實施戒嚴。

終於非動武不可了，於是康熙不顧群臣勸阻，堅持御駕親征：七月，清軍分兩路出長城，一路以康熙的哥哥、和碩裕親王福全爲撫遠大將軍，皇長子胤禔爲副將軍，出古北口；另一路則由康熙的弟弟、和碩恭親王常寧爲帥，出喜峰口；康熙自己則在大軍出發後七日啓行，預備到前線親自指揮，內大臣如索額圖、明珠、佟國維等都隨行。

然而康熙在半路上，突然高燒不退，還兼整夜失眠，不得已，只好回京療養。裕親王福全所部，在烏蘭布通與噶爾丹大隊騎兵遭遇，噶爾丹以萬頭駱駝背加木箱，披上溼皮毯，橫臥於地，擺出「駝城」陣勢，並且以俄羅斯資助的火槍迎敵；清軍則先以大炮轟擊，再以八旗騎兵衝陣。雙方激烈戰鬥，噶爾丹最終不支敗退，佯稱願意投降，卻星夜率少數隨從逃走，清軍也折損了大將佟國綱，福全則因失察敵情、縱敵逃走而受到懲處。這是第一次親征。

玄燁和噶爾丹的第二次交鋒，發生在烏蘭布通戰役之後的六年，康熙三十五年（一六九六年）。當時玄燁獲報，六年前逃脫的噶爾丹又有蠢動態勢，於是他再次不顧群臣勸阻，御駕親征，十萬大軍分爲三路，黑龍江將軍薩布素從轄地率本部軍馬出發，會同科爾沁騎兵直插蒙古，是爲東路軍；撫遠大將軍、三等伯爵費揚古由陝甘往西北出寧夏，是爲西路軍；康熙自率中路軍，從北京出發，出長城古北口，與費揚古在土拉（今外蒙古烏蘭巴托近郊）會師。三路兵馬形成對噶爾丹的鉗型攻勢，而以費揚古所部爲實際上的主力。

四月，中路軍逼近噶爾丹駐地，此時已是一片荒土，因爲噶爾丹聽到清軍來攻，老早便燒盡牧草、退入戈壁沙漠。由於敵人堅壁清野，戰馬的草料無法供應，從征大臣奏請退兵，由還沒前來會師的西路軍繼續進擊。康熙不同意，認爲如果中路先退，那麼費揚古承受的壓力就太大了。爲了達到震懾噶爾丹的效果，康熙在進入沙漠前，先派使者告訴噶爾丹：我本人親自來揍你了（聖上親來）！噶爾丹嚇得不行，再次拔營而走。

接下來，就是清軍三路大軍深入沙漠，追得噶爾丹到處亂跑。經過連續五天窮追猛趕，費揚古一路在昭莫多這個地方（今烏蘭巴托東南，圖拉河上游南岸）追上了噶爾丹部隊。當地的制高點，是一座低緩的土丘，噶爾丹率領萬餘精兵，想搶占其上，沒想到清軍快一步，已經在丘頂列陣以待，噶爾丹沒有退路，於是全部下馬，反戈一擊，冒著清軍炮火拼死衝鋒，雙方戰得難分難解，從早打到晚，死戰不退（至暮不退），費揚古見正面僵持，派兵繞至噶爾丹軍側面，那裡正是他們輜重與家眷的隊伍，清軍大呼奮進，終於攻破噶爾丹的逆襲，此役斬殺準噶爾騎兵兩千多人，擄獲大量帳篷器械，噶爾丹的妻子中火銃身亡，他本人則率數十人逃走。這是第二次親征。

按說昭莫多一戰，康熙已經全殲噶爾丹的主力，也透過外交手段，逼使中亞各國家、部落承諾，絕不收容落水狗噶爾丹，弄得他眾叛親離，四處流竄，仗再打下去就有些無聊，玄燁也該收手，改為招降納叛、懷德遠人了吧？

偏不。

康熙在第二次親征回師之後，諭令噶爾丹限七十日以內，親自來降；「如過此期，朕即進兵。」時限一到，噶爾丹依然不肯投降，於是康熙第三次不顧群臣勸阻，於隔年（一六九七年）御駕親征。此次仍以費揚古為主將，從寧夏北進，先前朝廷在康熙的縝密籌畫下，已經將噶爾丹的各種逃遁路線，全數堵截，噶爾丹既眾叛親離，又沒有逃生之望，於是在康熙三十六年閏三月十三日，飲藥自盡。所謂的「康熙三征準噶爾」，宣告落幕。

在這三次軍事行動裡，康熙皇帝展現出不把噶爾丹打趴，絕不中止的堅強決心，事前，他對於如大軍進襲路線、糧餉供應等參謀作業，事必躬親，不絲毫放鬆；任用主將得當（第二次），並且能充分授權；又懂得靈活運用外交手段，圍堵噶爾丹，最後逼使他眾叛親離，走上絕路。以上，是正面評價。

好話說完了，現在講點難聽的。所謂三次親征，名不副實。第一次親征，皇上於途中發燒失眠，提前返京，第三次則於出兵途中，敵人便自盡，算來算去，最多也只能說第二次戰鬥，是康熙貨眞價實的御駕親征。

這三次征討準噶爾的戰役，頭一次由於噶爾丹不但破壞了清朝在中亞與漠北蒙古定下的規矩，還跑到距北京不到七百里的地方撒野，出兵確有必要；第二次和第三次，在戰略上的必需性，就逐漸下滑。所謂戰略上不再必要，可以從準噶爾問題並未在噶爾丹被打趴後獲得徹底解決，而看出端倪。這就好像美軍即使殺了賓拉登，也不能聲稱反恐戰爭就此大功告成。康熙末年，準噶爾部首領再次入侵西藏（清方的反應，之後還會再說）；康熙之後，雍正、乾隆兩朝繼續對準部用兵，直到乾隆二十四年（一七五九年），清兵將準噶爾部滅族，方才終止。

再說，後兩次是否一定需要皇上親征，也值得商榷。康熙自己說，後兩次出兵，群臣全都反對，只因爲他的獨斷專行，才得以成功。（後兩次出師，皆朕獨斷）康熙的堅持裡，頗有些展露自己文治武功俱全、既懂儒家經典，也能上馬作戰的味道，他的力排眾議，更是皇權獨裁的一種展現。但是，大清以舉國之力，捕殺流竄於沙漠中的一小撮人，獲勝是否值得誇耀？至於群臣是不是眞的膽小怕事？前線是不是眞的需要聖上親臨指揮？回答都是不一定。

所以在我看來，康熙三次征討準噶爾，其戰略重要性，無法與討平三藩之亂、征伐台灣相比。那麼問題來了：如果事情眞相是如此，爲什麼清朝史家們，要將康熙這幾次的戰役，描繪得如此神聖威武、意義重大呢？

因爲他們需要。在晚清那個內外交困的時代裡，熟讀經史的傳統士大夫，眼見朝廷面對西方列強侵逼，毫無還手之力，他們太需要塑造康熙這樣威武的祖宗，太需要擁有一段光榮的過去，作爲激勵當前政府奮發的憑藉了。於是，在魏源《聖武記》的描述裡，康熙「以蒙古爲朔方長城」的偉大戰略意義，就此光榮登場。

「一切的歷史，都是當代史。」——義大利歷史哲學家克羅齊（Benedetto Croce）

我們自己，又該怎麼看這幾次戰役呢？據我看來，是這樣的：有個叫噶爾丹的小子，不聽康熙老大的號令，還搶占其他小弟的地盤，公然嗆聲；康熙大哥出面叫大家喝茶談判（會盟），噶爾丹竟敢不來，於是康熙老大就帶著幫眾出遠門，一連三次，揍得噶小弟走投無路，自殺了。

所謂三次親征，說穿、說俗了，就是這麼回事。

準噶爾的事情，還留有一條尾巴。康熙五十六年（一七一七年），噶爾丹的姪子、在三次親征中對清廷相當恭順的策妄阿拉布坦（這名字顯然是清朝的蓄意亂翻）入侵拉薩，殺死原本的領袖拉藏汗，控制西藏，威脅青海。隔年六月，得到情報的康熙，以侍衛色楞和西安將軍額倫特爲將，進兵西藏。然而色楞等人遠途跋涉，又誤中阿拉布坦的誘敵深入之計，六千餘人全部戰死。

消息傳來，康熙嘆息道，這種事情要是放在二十年前，他就會親征的。於是，不顧大臣勸阻，皇上決定再次用兵，以皇十四子胤禵爲主帥，率軍前往平亂。

對京師的許多皇子、大臣來說，這場戰役的實質過程，遠不如主帥人選來得重要，這點牽涉到康熙對皇位繼承人的選擇，我們稍後再說。

在避暑山莊裡

搽完不聽話的蒙古人，對於願意服從的，自然也要善加安撫。而要召集蒙古諸部落王公，必須要有適當的地點與處所。

這就是熱河避暑山莊興建的起源。避暑山莊名爲「山莊」，實際上是皇帝北巡塞外時的行宮。北京的夏日燠熱，康熙皇帝本有逢暑即出塞狩獵的習慣，同時，由於蒙古王公畏懼天花傳染，選在塞外進行攏絡外交工作，也比較適當。山莊由玄燁選定位置，親題匾額，從康熙四十二年開始闢建，到康熙四十七年（一七〇八年）已經略具規模。

雖然避暑山莊的全部樓閣園林建築群，是到了康熙的孫子乾隆皇帝時，才算完全落成，不過在康熙時，就已經有「三十六景」之稱。當中享有大名的，例如「煙波致爽」、「萬壑松風」、「水流雲在」等景，都是建築與山水造景的融合，從當中體現出人工和自然的和諧美。

自避暑山莊基本建築落成之後，康熙幾乎每年都來，有時冬天也發駕熱河，到他駕崩那年為止，根據學者統計，足足有五十次之多。每年待在熱河的時間，約有四到五個月，避暑山莊因此在康熙朝的後期，便已成為大清另一處政治中心。

皇上在煙波致爽殿起居，在淡泊敬誠殿處理公務，前來覲見的蒙古王公、西藏活佛，也在這裡等候康熙的正式接見。康熙的祖母是蒙古人，他本人也能操流利的蒙古話，和這些漠南、漠北王公們直接交談，更能拉近距離，培養感情。

公餘之暇的皇帝，在避暑山莊又是怎麼過日子的呢？首先，康熙自己曾說，來到位於塞外的熱河行宮，可以令他的思慮澄靜，能夠不受打擾，冷靜的作出重要的國策決斷。

其次，自康熙二十三年起，除了少數例外，皇帝幾乎年年率大臣進行木蘭行圍，在他一生中，共參加了四十八次。這個木蘭，與花木蘭沒有半點關係，而是滿洲語裡「捕鹿」的意思，又稱「秋獮」，也就是秋天進行的狩獵活動。木蘭圍場的位置，就在避暑山莊附近，今日改稱作河北塞罕壩國家森林公園，當中維持自然生態，並且放養許多走獸。每年的秋初，康熙都要率領眾皇子、王公親貴大臣，到此來縱馬奔馳，張弓射獵。康熙五十八年（一七一九年），玄燁在行圍狩獵後回避暑山莊歸程時，對侍衛說道：

朕自幼至今已用鳥槍弓矢獲虎一百五十三隻，熊十二隻，豹二十五隻，猞二十隻，麋鹿十四隻，狼九十六隻，野豬一百三十三隻，哨獲之鹿已數百，其餘圍場內隨便射獲諸獸不勝記矣。朕於一日內射兔三百一十八隻，若庸常人畢世亦不能及此一日之數也。

如果在今天，政治領袖得意洋洋的說出這段話來，可能會引發動物保育團體發起連署、拉起「停止獵殺無辜動物」的布條，進行抗議；可是很意外的，它卻獲得所有為康熙撰寫傳記者一致的諒解；而且，非但不譴責，大多數人接著繼續稱讚這個令後世咂舌的狩獵數字，象徵康熙身心的健全，而一個體魄心智健全勇猛的皇帝，所統治的，就必定是一個朝氣蓬勃、身心舒展的國家。

我完全同意上面這樣的評價，也無意為十七、十八世紀時，不幸遭到皇上射死的虎、熊、豹、鹿惋惜，不過，我建議各位賢明的讀者，在採納上一段清朝史官刻意保留的記錄時，也請一併看看由西洋傳教士馬國賢（Matheo Ripa）所記載下來的康熙生活：

有時候，陛下高高地坐在一個形同寶座的位子上，觀看他所喜愛的遊戲。幾個太監侍立於側，寶座前方的氈毯上，聚集著一群妃嬪。突然，陛下將假造的蛇、癩蛤蟆以及其他令人憎惡的小動物拋向妃嬪中間，她們跛腳疾跑，以求躲避，陛下看了十分開心。

還有的時候，陛下佯裝想得到長在樹上的果實，於是讓妃嬪們到附近小山上去摘取。在他的催促下，可憐的跛子們爭先恐後，叫嚷著朝山上奔去，以致有人摔倒在地，引起他的開懷大笑。陛下不斷創造這樣的遊戲，在夏日涼爽的傍晚，尤爲常見。①

這段引文裡面的老年康熙，不但不是正在進行深思明辨的聖君，也不是馬背上騎射精湛的滿族君王，反而看起來滿有昏君的嫌疑，放在北齊文宣帝高洋、陳後主陳叔寶身上，也相當貼切；而敘述當中所謂「跛腳」的妃嬪，應該是裹小腳的漢族女子（滿、蒙女子不纏足），而請容我提醒各位讀者：孝莊太皇太后相當厭惡漢族纏足風氣，也不准皇帝納江南漢人女子爲嬪妃，沾染漢化習俗，在康熙二十七年她崩逝以前，這種情形是不可能發生的。

在避暑山莊裡，上面兩種面目的康熙，是否互相矛盾呢？一點也不。康熙的眞實面貌，就應該是自律與放縱並存，勇健和懶逸同時具備。有著凡人也有的性格，卻能把握命運，完成諸多事功，這才是玄燁這個人了不起的地方。

玄燁，走在聖君道路上的你，也是一個平凡人！

① 轉引自陳捷先，《康熙寫真》，頁180。

康熙的缺憾

在前面說了這麼多，大部分都是康熙的成就事功，現在我們要問的是：康熙一生裡，有沒有缺憾呢？

答案：有的，而且還不少。

前面提過，康熙不到十歲，父母先後撒手離他而去，他後來回想，子欲養而親不在，也表示這是一生之中「最抱憾之處」。不過，另有一個缺憾，康熙即使知道，也從來沒有提過。

那就是皇上疑似命中剋后。

康熙一生有四位皇后，第一位孝誠仁皇后赫舍里氏，索尼的孫女，康熙六年，在祖母孝莊太皇太后作主下，正式迎娶，冊立爲皇后。赫舍里氏和康熙感情不錯，爲人賢慧，統領六宮，頗有章法。可惜，康熙十三年（一六七四年）五月十三日，皇后在誕育皇二子胤礽時，因難產而死，享年僅二十二歲。當時正值三藩之亂驚濤駭浪之際，頓失愛妻，康熙的悲痛是可想而知的。

正宮皇后位置空缺了三年，康熙十六年八月，皇上又冊立了與赫舍里氏一齊入宮的遏必隆之女鈕祜錄氏爲后，是爲孝昭仁皇后。

半年之後，鈕祜錄氏便一病不起。

至此，康熙已不願再立皇后，後宮由位分最高的皇貴妃佟佳氏掌管，也等於是實質上的皇后。佟佳氏是議政大臣佟國維的女兒，皇上的表妹，也是康熙晚期重臣隆科多的姊姊。佟佳氏在康熙二十二年時，曾生育一位皇女，但是存活不滿一個月，就不幸夭折了，從此她的身心就處在悲痛的狀態。康熙二十八年（一六八九）七月初九，佟佳氏病重，皇上冊封她為皇后，隔天便去世了，她後來的諡號，是孝懿仁皇后。

至於，後來稱為孝恭仁皇后的烏雅氏，是因為她身為雍正皇帝的生母，在康熙死後「母以子貴」當上太后的。烏雅氏本來在宮中地位不高，直到生下皇四子胤禛後，才封為德妃。

孝懿皇后死後，康熙寫詩悼念她，詩句裡有「嘆乎此生苦，頻經無限愁」的句子，三任皇后的撒手人寰，先他而去，想來都讓他痛苦不已。或許是懷疑自己命中克后，所以從此在他御極之年，不再立后。

以上，就是康熙的感情史，十分貧乏，沒有亮點。至於那些說玄燁愛上了哪個格格，微服出巡時與哪家民間女子相戀等故事，本人能夠十分肯定的說：那是編劇或作家腦袋中發想出來的，與康熙沒有任何關係。

如果說命中剋后是康熙自己若有所覺的缺憾，那麼晚年的寬仁放縱，就是他不可能察覺、即便察覺也不可能承認的缺失。這個缺失，來自於一種心態，這種心態，是志得意滿之後的倦勤。

就像籃球、棒球比賽裡，某一隊處於比分遙遙領先的狀態時，教練通常會換防守組（或板凳）球員上場，消化比賽時間，不再積極搶攻那樣，到了晚年，康熙也自滿於功成名就，不想再作什麼改變，產生了一種守成心態。

於是他表示「爲君之道，要在安靜。」多一事不如少一事。凡事總以「寬仁」爲原則。康熙五十一年（一七一二年），皇上下詔，命此後孳生人丁，都按照今年的數額，不再增加稅賦。這就是著名的「永不加賦」。於是原來皇上操縱群臣互相制衡的平衡之術，變成了眞正意義上的寬仁。

於是官員們高興了，他們眾口稱讚皇上英明，以仁心治天下。

而實際上，他們高興的理由，是因爲皇上的寬仁，是對官員的放縱，讓他們可以盡情的虧空公款，中飽私囊。所以，康熙晚年百姓的日子，並沒有變得更好，更加沒有處在「盛世」之感。一度整飭的官場風氣，此時又變得污濁不堪。沒錯，皇上「永不加賦」，可是貪官污吏們也永不收手，因爲他們相信一條鐵律：沒有最貪，只有更貪。

受不了地方官吏的剝削，百姓就會起來反抗。康熙末年的民變，規模最大的，是台灣的朱一貴起事。

朱一貴，台灣鳳山縣（今高雄市）人，康熙六十年三月，他與朋友數十人，因爲不堪忍受台灣知府王珍屬員的敲詐剝削，起而反抗。他自稱是明朝皇室之後（剛好姓朱），稱「大元帥中興王」，獲得北部客家庄領袖杜君英的支持，眾多東寧退役官兵加入，聲勢浩大，五月初一就攻破台灣府城（今台南市），建年號爲「永和」，當上皇帝了。

清廷以近四十年前征討東寧（台灣）的靖海將軍施琅之子施世驃、大將藍理之子藍廷珍爲將，從大陸率兵渡海平亂，到康熙六十一年二月，亂事才告平定，朱一貴被押赴北京，凌遲處死。而此時距離康熙皇帝駕崩，已經不足一年。

說到康熙晚年的寬仁弊端，是因爲他的精力不濟，而皇上之所以精力不濟，是因爲他大半的心力，都耗在兩次廢黜太子的事情上了。太子立了又廢，成爲康熙畢生最大的遺憾。而廢黜太子，卻又引來（對康熙來說）更可怕的後果——諸子奪嫡。

九子奪嫡

如果我們將康熙執政的六十一年，粗略地以各二十年，分爲三個階段，那麼第一個階段的主要任務，是繼續金戈鐵馬，鞏固祖先所交付的江山，於是有撤藩之舉，引發爲時八年的三藩之亂，乃至於出兵攻討海上的東寧鄭家。

第二個階段，也就是大約從康熙二十二年，台灣收歸大清版圖開始算起，到康熙四十四年左右，皇上第五次南巡時為止。這段時期雖然仍有軍事行動（如三次親征準噶爾），但是國內無戰事，主要的精力放在內政上頭，我們前面說的索額圖、明珠的糾葛，還有黃河的治理、官場的爭鬥，都發生在這段時間中。

最後，如果從康熙四十二年索額圖因為圖謀讓太子提早登基，而遭到逮捕囚禁算起，是十九年；如果從康熙四十八年皇上廢黜太子胤礽算起，是十四年。不論是十九還是十四年，反正這段期間裡，康熙年長的兒子們個個心懷鬼胎，各自使出手段，相互傾軋陷害，沒個了局，整得康熙老爺子身心俱疲，一直鬧騰到康熙六十一年十一月十三日那天傍晚，分出勝負為止。

這就是影視作品裡所謂的「九子奪嫡」——康熙有二十四個兒子（請看附錄的「康熙朝成年皇子表」），在最後這二十年裡，成年的有十六個，其中有九個加入了你死我活的皇位爭奪戰裡。

有鑒於這段故事，多半從四爺、八爺講起，大家看得多了，料想也膩了。我們這次改由康熙皇帝的角度，來看看這群兒子們的故事。

所謂「奪嫡」，指搶奪皇太子之位。而回顧整個清朝，只出現過一位皇太子，那就是康熙的皇二子，愛新覺羅．胤礽。

在進入正式的廝殺前，讓我們先探討探討康熙給兒子們取的名字。

原先滿洲人的取名，完全以滿洲話的意思爲主，然後再音譯爲中文，比如代善、多鐸、莽古爾泰等等。到了入關以後，命名開始考慮中文字面上的好看和意義了，比方玄燁這樣的名字，就很難說完全只是音譯；可是與此同時，仍然有「牛鈕」（順治長子）這樣的名字出現。

到了康熙兒子這一輩，原先取的名字，也呈現出這種混亂的趨勢。比如長子（後來不幸夭折，未正式排入順序）叫承瑞，看來完全以中文意思命名，可是之後又有「賽音察渾」這樣全滿文式的命名出現。而後來的皇長子胤禔，出生時的名字叫作保清，皇太子胤礽，本來取名爲保成，呈現一種在滿文和漢文之間隨心所欲的混亂狀態。

或許是察覺如此命名沒有規則，又或許是漢文程度出現了神奇的長進，康熙決定統一爲皇子命名設立規則，第一字一律爲「胤」字，第二字都從「示」字偏旁，都出自經典，也都有福佑兒子的期許。不過，從若干非常冷僻的用字（胤祼、胤禟、胤禵）看來，取名者似乎有些炫耀漢文程度的嫌疑。

不管怎麼說，在這些兒子裡面，康熙皇帝最看重、也最在意的，當然就是孝誠皇后赫舍里氏所生的嫡子胤礽了。康熙十四年正月，在三藩之亂鬧得最凶的時候，年方一歲的胤礽被冊立爲皇太子，這當然是康熙穩定人心的舉措之一，同時也顯示清朝仿效漢俗，立嫡長子爲皇儲，要知道在此之前，滿洲君主可是由議政王大臣會議共同推舉，完全不論嫡庶的。

皇太子胤礽，因此就在康熙的期許和良好的教育底下，健康的成長了。幼年的胤礽聰慧可愛；少年的胤礽能熟背經書，還能拉開滿弓，箭術超群，群臣交相稱讚，康熙也十分滿意。

到了成年，出問題了。

問題出在哪裡呢？可以用三句話來概括，那就是「太子不爭氣，康熙不滿意，眾兄弟之間很猜忌」。

據康熙的說法，皇太子胤礽成年後，性子大變，不但奢侈貪婪，還暴戾成性，官員或是宗室親貴，稍不如他的意，動輒鞭撻、唾罵，甚至還要致人於死。前面我們已經提過，康熙四十六年，皇太子隨皇上南巡，竟然因爲江寧知府陳鵬年供奉太簡約，非要處死陳不可。更令皇上難堪的，是他獲得地方官員密報：胤礽差人在蘇州一帶購買未成年少男少女。姑且不論太子買賣國家未來棟樑，是否有不爲人知的癖好，胤礽的所作所爲，不符合康熙的寬仁政風，離康熙的期許也愈來愈遠。

再說，太子身邊，早就圍繞著一批被稱爲「太子黨」的官僚，這批人以我們的老熟人、太子的外叔祖索額圖為首，和他們為敵的，自然就是明珠一派。明珠黨羽隱約有以康熙長子、大阿哥胤禔取太子而代之的意思。兩派後來實在鬥得太兇，康熙先是顧全太子情面，將明珠請出內閣，後來又不得不斷然處置，圈禁了索額圖，然而這只是治標，不能治本。

問題的眞正根源，出在皇帝和太子之間的權力分配上。既說「國惟一主」，皇權不容侵犯，可是太子又是國之儲君，需要政務上的歷練；歷練得多了，難保太子來個直接逼宮奪權，提前登基；歷練少了，又擔心他將來扛不起治理江山的重任。而皇太子長期處在等接班的「天下第二」位置上，時間久了，也常有怨言。據說胤礽曾說過「古今天下，豈有四十年太子乎？」這樣大不敬的悖逆話語。康熙對胤礽的不滿意，日漸到達他所能容忍的極限，決裂就在眼前。

這一刻，在康熙四十七年（一七〇九年）九月初四來臨了。夏季時，康熙率胤礽、胤禔、胤祥等皇子出巡塞外，於回程時，皇上突然下令拘禁皇太子。胤礽到底作了什麼，我們並不清楚，根據康熙的說法，太子每到夜晚，便繞著皇上的大帳轉，偵伺他的起居，動機甚為可疑。不過從康熙一面命胤禔嚴密保護自己、又「晝夜戒懼不寧」的種種表現看來，胤礽策劃的，可能不只是偷窺、了解父皇的夜生活，而是一場未遂政變。

此時康熙似乎對胤礽的厭惡到了極點，還沒等回京，就迫不及待的召集諸王大臣，宣布胤礽罪狀，並且廢黜他的皇太子之位。康熙以為自己終於甩掉了胤礽這張狗皮膏藥，然而事實上，胤礽對他來說，是一層保護膜，因為太子之位一旦空缺，康熙立刻就看見了後面的黑暗勢力，一個深不可測的黑暗力量，向他瘋狂進撲。

首先是大阿哥、直郡王胤禔。自太子被廢、他又受命護衛皇上之後，胤禔就春風得意，上竄下跳，覺得自己很快就要當上新太子。他會這樣想，也不能說全無道理。康熙三十七年（一六九八年）皇上授予幾位年長的皇子們封爵，胤禔和皇三子胤祉被封為郡王，皇四子到皇八子則授貝勒。而不久之後，胤祉就因事遭到康熙責罰，奪去郡王爵位，降回貝勒。胤禔既是皇長子，又是太子之外唯一的王爺，難怪春風又吹上了他的臉。

可是康熙在廢黜太子當日，就明白宣布，他根本沒有立胤禔為太子的意思，然而即使如此，胤禔還是堅強勇敢的作著他的太子夢，甚至私下向父皇進言：如果皇上想暗地裡砍了胤礽，又怕落得不慈的罪名，他胤禔可以代為下手。

這番話終於徹底惹翻了康熙，大罵胤禔是「亂臣賊子」、「秉性躁急愚頑」，完全不顧父子、兄弟之情；皇三子胤祉看準機會，再補上一刀：胤禔曾請人做法詛咒太子，盛怒的康熙下旨將胤禔削奪爵位、永遠圈禁，大阿哥從此退出奪嫡行列。

不過，胤禔垮台的時候，臨去秋波，發出了最後的光和熱，拉了一個人當墊背：他揭穿了皇三子胤祉派門人孟光祖出京，到處聯絡各省大員的詭異舉動。由於孟光祖的確屬於「三爺（胤祉）門下」，胤祉只能辯稱姓孟的到處活動，他事前完全不知情，算是好意辦錯事的又一個例子。但是這件事已經讓康熙陡起驚覺：這個向來儒雅博學、滿口聖人言語的兒子，原來眼睛也在盯著皇位！胤祉從此斷了作皇帝的念頭，這回倒是認眞的研究學問，替父皇編書了。

另一個遭殃的皇子，則是康熙原來甚爲寵愛的十三阿哥胤祥，同時也被奪爵囚禁。康熙爲什麼如此嚴厲的處分胤祥，史料沒有說，我也不知道，不過可以確定的，是必然與胤祥捲入胤礽和胤禔之間的爭鬥有關。

十一月初，康熙下令，新太子人選，由眾臣推舉，「眾意屬誰，朕即從之」。於是，一個胤禔倒下了，千千萬萬個胤禔又奔康熙殺了過來——他們全都是八阿哥、貝勒胤禩的支持者。原來大阿哥是「八爺黨」安排的第一波試探，而滿朝奔走、手心上寫著「八」字的大臣，到處替八貝勒連絡串聯的九阿哥胤禟、十阿哥胤䄉、十四阿哥胤禵等皇子，在在都顯示出胤禩的可怕力量。康熙沒有想到太子一旦被廢，才顯出八皇子胤禩，這

老年康熙：文治武功兼備，唯有兒子相爭讓他傷透了心。

個平常不哼不哈、溫文寬厚的貝勒，在暗地竟然裡運作、發展出如此盤根錯節的龐大組織。

很不幸，天下最會抓山寨版的，莫過於原創者。胤禩的寬仁大度，背後藏著什麼目的，他的老爹是一清二楚。康熙生怕剛廢了個結黨的太子胤礽，就冒出個結黨的太子胤禩，於是收回前諾，嫌棄胤禩，說他出身不好，母親是看守庫房奴隸之後（總不能罵自己），又少有政務經驗，不適合立爲太子，還指斥他結黨要脅，奪去貝勒爵位。

十一月十六日，康熙準備復立廢黜的太子胤礽，爲此，他特別召來所有的皇子，「痛哭撲地」，要兒子們「當思朕爲君父」，別再窩裡鬥，激烈的爭奪太子之位，否則「日後朕考終，必至將朕躬置乾清宮內，爾等束甲相爭耳！」老爺子牽動情腸，說的眞夠痛心疾首了。爲了制止兒子們爭鬥，康熙還封了皇三子、皇四子、皇五子爲親王，皇七子、皇十子爲郡王，賞還胤禩的貝勒，另封胤禟、胤禵爲貝子。

「咱們倒是一家子親骨肉呢，一個個不像烏眼雞似的，恨不得你吃了我，我吃了你！」——《紅樓夢》第七十五回

然而康熙失望了：殺紅了眼的兒子們，已是無法勸回了。已經出鞘的寶劍，沒有見

血是不會收回去的。奪嫡不成的胤禩雖然稍有小挫，可是全套班底人馬都在，不會輕言放棄；而復位東宮的胤礽，爲了保住這個得來不易的太子位置，當然也還要厚結黨羽，培養實力。於是生死擂台在短暫休息之後，繼續上演。

康熙諸子之間的劇烈爭鬥，從制度面上看，存在著重大的缺失：康熙一面仿效漢族制度，冊立皇太子，一面卻又不放棄滿洲舊俗，讓皇子分頭掌管八旗與軍國重務。太子若不發展自己的勢力，則覬覦皇儲寶座的兄弟們，一定會設法拉他下來；太子一旦結黨，又必定和皇權產生矛盾和扞格。眞是苦惱啊。

康熙五十一年（一七一二年）十月，皇上替苦惱的胤礽解決了這個兩難的問題——再次廢黜他。康熙發布上諭，說胤礽「是非莫辨，大失人心」，還「秉性凶惡，與惡劣小人結黨」，只得再行廢黜，拘禁於咸安宮。而且，任何臣工日後如果上奏，說廢太子已經改過遷善、應該釋放者，「朕即誅之」。康熙對於曾經付出最多心力、也傷他最深的胤礽，看來是眞的死心了。

與此同時，以爲自己的機會又到來的胤禩，再度被康熙一錘敲暈過去。皇上一面下令逮捕「八爺黨」大將、胤禩的奶公雅齊布，一面痛斥胤禩「行止卑污，凡應行走之處俱懶惰不赴」，還說他「不孝不義」，「履結人心，此人之險百倍於二阿哥（胤礽）也」。如果現在不加以處分，恐怕要不了幾年，「必有形同狗彘之阿哥，仰賴其恩，爲之興兵搆難，逼朕遜位而立胤禩。」八貝勒的太子夢也告幻滅。

兩廢太子以後的康熙，決心唱起陳淑樺的名曲〈夢醒時分〉，告訴他那群殺紅了眼的兒子們——有些事（立太子）你現在不必問，有些人（皇上）你永遠不必等。他決心從此不再立皇太子，改由皇上在成年皇子之中默默考察，暗中選定繼位人。而這套方法，日後經過雍正皇帝的改良，便成爲日後清朝決定皇位傳承的「祕密建儲制」。

另外，當時還有件看似不甚起眼的人事調動命令，卻在後來起到關鍵的作用，值得注意。那就是原內閣大學士佟國維的三子，原本只是中級武官的隆科多，吉星開始高照，官位直線上升。康熙五十九年，皇上下詔：步軍統領隆科多以原職兼任理藩院尚書（外交部部長）一職。

理藩院的尚書職位（從一品），提升了隆科多的官位，而他原來的職務，才是這位佟家外戚舉足輕重的關鍵。隆科多擔任的步軍統領一職，全名是「提督九門步軍巡捕五營統領」，也就是俗稱的「九門提督」，掌管京城兩萬三千名駐軍，以及北京治安事務，位置非常重要，有如今天的首都衛戍總司令兼警察局、消防局的局長。換句話說，隆科多的意向，實際上決定了康熙駕崩後皇位的歸屬。

後世的評論者，時常著眼在隆科多於皇位爭奪當中，可能從誰那裡倒戈，又可能與誰暗中勾結這些疑點上頭，以上的揣測，雖然不能說沒有根據，但是都忽略一個最重要、最關鍵的因素，那就是：在隆科多突然由黑翻紅，官運亨通之時，康熙皇帝本人還活著哪！

步軍統領這個位置，至關緊要，皇上不可能掉以輕心，更不可能由他在自己眼皮底下亂來，幹些偷雞摸狗的勾當。所以，我們有理由相信，康熙晚年提拔隆科多，是出於他本人的決定，而之所以選擇隆科多，既有可能是隆科多皇上外戚出身，對他有足夠的認識；更可能的，是當佟家投靠當時聲勢浩大的皇八子集團時，隆科多暗中向皇帝表明，無論皇上在世或是龍馭上賓，自己願意忠實執行皇上的意志。如此，才獲得康熙的青睞。至於，他是不是眞的作到了對康熙的承諾，是存在著爭議的。

太子胤礽被廢，大阿哥胤禔被囚禁，十三阿哥胤祥被罷爵，八阿哥胤禩被斥責，甚至三阿哥胤祉也遭到牽連。在康熙在位的最後時日裡，兩位皇子逐漸浮出檯面，受到父皇的倚重和賞識。他們是一母同胞的親兄弟：皇四子胤禛與皇十四子胤禵。這兩人的其中之一，康熙最後要將這大清天下交給他來掌管。

胤禛是康熙的皇四子，在諸子當中並不出色。論武功，他沒有胤禔出兵塞外的經驗，論文學，又不如胤祉能組織書房，邀集文人編書。不過在康熙的眼中，胤禛始終對父皇孝順，而且做事認眞，剛強堅毅，沒有奪嫡野心（只限表面上），所以愈到後期，愈是重用。

十四阿哥胤禵小胤禛十歲，年輕英武，康熙在他的身上，看見了壯年時自己氣呑山河、雄視天下的氣魄。胤禵允文允武，通曉兵書，在胤礽被廢時，原太子旗下的包衣、佐領，他得到最多，是獲利最大的皇子。康熙五十七年，朝廷預備出兵西藏，皇上選中胤禵，跳過好幾位兄長，將他由貝子升爲撫遠大將軍王，率兵出征。當時很多人認爲，這是康熙在暗示，胤禵即將成爲繼位人。

究竟，康熙最後的選擇是誰呢?是冷心冷面的雍親王?還是出兵西藏平亂、深得父皇賞識的大將軍王?這個問題，從那時候開始，三百多年過去了，還講不清楚。講不清楚?那就一起來辯論一下吧。

第七章

「皇阿瑪到底傳位給誰?」
康熙皇子辯論會

各位觀眾、各位讀者：今天我們很高興有這個機會，能夠請到最近又再度翻紅的兩位先生，針對「康熙皇帝最後屬意的接班人到底是誰」這個議題，進行辯論。由於各位讀者都熟知康熙駕崩後的歷史事實，那就是由皇四子、雍親王胤禛即位，是爲日後的雍正皇帝，我們今天的題目，也就圍繞著「康熙是不是傳位給雍正」來進行。

對了，請特別狂熱的粉絲們，不要任意進行穿越歷史、企圖改變歷史的行爲，畢竟，穿越有其風險，小心生命安全。

首先爲各位介紹的，是今天擔任正方代表的愛新覺羅．胤祥先生。胤祥是康熙皇帝的第十三個兒子，也就是大家熟悉的「十三爺」，他從小精於騎射，書法亦佳，參加過數次木蘭秋獮，也隨父皇南巡江南。康熙三十七年（一六九八年）晉封固山貝子。胤祥與胤禛關係最好，雍正皇帝登基之後，當即進封他爲和碩怡親王、總理事務王大臣。他於雍正八年（一七三〇年）逝世。請上台，胤祥先生。

接著是反方代表，也就是皇十四子，愛新覺羅．胤禵先生。十四爺原名胤禎，和皇四子胤禛一母同胞，都是孝恭仁皇后烏雅氏所生，康熙五十七年進封撫遠大將軍王，是康熙晚期皇位繼承人的熱門人選之一。雍正元年（一七二三年），封爲多羅郡王（沒有稱號），可是在雍正三年被降爲貝子，隔年再遭奪爵。乾隆十三年（一七四八年），侄子乾隆封他爲多羅恂郡王，七年後（乾隆二十年）薨逝。歡迎你，胤禵先生。

最後，說明一下這場紙上辯論的順序與規則。首先進行的是正方陳述，由於篇幅限制，不得超過八百字，之後是反方陳述，同樣不得超過八百字；接著是雙方交互詰問，二問二答，共進行四個回合，先由正方開始，反方回答，發問者不得超過兩百字，回答者不得超過五百字；雙方最後進行結辯，由反方先開始，不得超過五百字。雙方辯論的內容，請不要超出史料的範圍，也不要使用讀者看不懂的詞彙。現在，我們就請正方代表開始陳述。

正方代表、愛新覺羅・胤祥（以後簡稱「正方」）：各位讀者，大家好，今天很高興能夠被找來參加這場辯論。我要開宗明義的講，我的父皇康熙皇帝大去時所傳位者，當然是我的四哥，也就是雍正皇帝。父皇這個英明的決定，根據我的看法，是基於以下四個理由。

我四哥能夠身登大寶的第一個理由，是父皇在他的傳位遺詔上所說的，「皇四子人品貴重，深肖朕躬」。我們都知道，在兩廢太子的過程當中，父皇耗損巨大的心力，身體狀況因此也變糟，可是有志於儲位的皇子們，眼中只有皇位，根本沒有老父。年長皇子當中，唯一關心、敬愛父親的，就只有四阿哥。所以父皇稱讚他：「能體朕意，愛朕之心，殷情懇切，可謂誠孝。」不但如此，當二哥被廢，諸皇子謀奪嫡時，也只有四哥敢於出頭，幫廢太子說話。「前拘禁胤礽時，並無一人爲之陳奏，惟四阿哥性量過大，深知大義，屢在朕前爲胤礽保奏，似此居心行事，洵是偉人。」說四哥既誠懇孝順、又深明大義者，不是別人，正是父皇。

第二個原因，是我大清入關以來，凡事都參酌漢人制度，並本著祖宗家法，作出最好的設計。接班人的安排，正是如此。康熙十四年正月，當時三藩作亂，國家動盪，父皇立嫡長子胤礽爲國本（太子），安定人心，這行的是漢人習俗；而當二哥胤礽悖逆不法，遭到廢黜之後，八阿哥胤禩接著邀結群臣，想要入主東宮，三阿哥胤祉也因爲捲入奪嫡而遭斥責，他們的野心被父皇察覺以後，在年長皇子當中，既孝順又有才幹的，只剩下四阿哥胤禛。

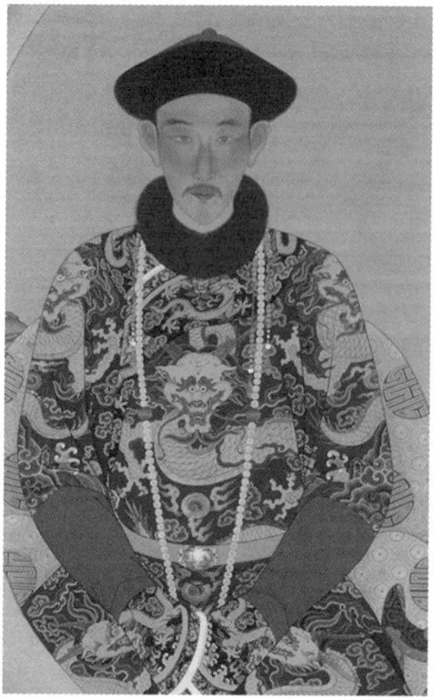
十三爺胤祥：康熙朝的失意皇子，雍正朝的得力親王。

各位再請看當父皇晚年龍體欠安時，皆由四哥代表他舉行祭天儀式。父皇對南郊祭天非常看重，除非身體不行，必定親自行禮。父皇在最後，令四哥代天子前往，其實就意謂著，四阿哥就是他心中默定的人選。

最後，請看康熙六十一年，父皇令將

四哥之子弘曆接入宮中撫養，這個用意便是在保我大清三代盛世！當時朝鮮使臣便記載，父皇交代閣臣馬齊：「第四子雍親王胤禛最賢，我死後立爲嗣皇。胤禛第二子（弘曆）有英雄氣象，必封爲太子。」這就是證明。至於接下來，十四弟說的那些，都是謠傳，不必相信。謝謝。

反方代表、愛新覺羅・胤禵（以後簡稱「反方」）：各位讀者，方才我十三哥胤祥舉出四項理由，說父皇最後屬意讓四阿哥繼承皇位。我聽後覺得頗爲詫異，所以要先向各位讀者報告截然不同的觀點，反駁十三哥的說法，然後，證明父皇其實希望接替他來接掌這個大清江山的人，是我！

十四爺胤禵：康熙朝的大將軍王，雍正朝的桀驁皇弟。

父皇駕崩時，我人還在西大通軍營，當時京師內外，已有謠言傳出，說「聖祖皇帝在暢春園病重，皇上（雍正）就進了一碗人參湯，不知何故，聖祖皇帝就崩了駕，皇上就登了位」。又有說四哥與步軍統領隆科多聯手，偷取出父皇的傳位詔書，將「傳位十四子胤禎」改爲「傳位于四子胤禛」。雖然我不能證實這些謠言眞假，但是我的名字由胤禎被改爲胤禵（後又改爲允禵），難道不是事實？有上面這些謠諑，四哥繼位登基，當中難道全無貓膩（古怪之處）？

回顧我大清在關外創業之初，太祖駕崩，諸貝勒爭位，最後由太宗文皇帝皇太極繼位，他的年紀，並非最長（當時貝勒代善最年長）；後來太宗駕崩，眾旗主推舉世祖爺以六歲稚齡登基，世祖皇帝也非太宗嫡子，請問：哪裡來的規定，說皇位如未傳給嫡子，便以年長者優先？

方才十三哥說父皇晚年器重四哥，實際上四哥從來沒擔任過固定差使，皆爲瑣碎任務，可見父皇對他才能的了解；而若說代天子祭天意義重大，則三阿哥胤祉、五阿哥胤祺也都曾代天子郊祭，爲何不說父皇屬意他們？所以此說純屬無稽之談！

實際上，父皇在晚年最爲欣賞器重的，就是我。許多事務上，父皇都會徵詢我的意見，乃至康熙五十七年，準噶爾部入侵西藏，也是由我統兵出征，並且特授我撫遠大將軍王之位。四哥據說倒是爭取過要帶兵出征來著，請問他如願了嗎？誰才眞正受父皇賞識，不是很清楚嗎？

最後，說父皇因爲愛孫（乾隆）而及子（雍正），這完全是抄襲明成祖朱棣因爲疼愛長孫朱瞻基，而立仁宗朱高熾的說法。父皇帶弘曆入宮中撫養，也不是特例，事實上，父皇就派遣「內廷三阿哥」——即弘曙、弘治、弘禧，隨我出征，他們都是入宮撫養的孫輩，所以，弘曆入宮亦不能證明皇位攸歸。綜上所述，我才是父皇聖心默定的皇位繼位人。

好的，謝謝十三爺、十四爺，兩位看來都有點動氣，請不要太激動，先坐下，現在畢竟是二十一世紀、法治社會，有話慢慢說。下面進行交互詰問，請反方開始第一回合提問。

反方一問：按照四哥後來的說法，他講父皇駕崩的那一日，本來在南郊齋所，曾奉詔到暢春園晉見問安，「皇考（康熙）告以症候日增之故，朕（雍正）含淚勸慰。」我想請教十三哥的是：如果皇上眞有意要傳位給四阿哥，那麼在召他入園晉見時，爲什麼只說自己的病況，而不直接宣布他就是皇位繼承人？

正方一答：我們都已經曉得，父皇在二廢太子之後，就已宣布，以後不再預立太子。我們也都知道太子在位之日，遭受各皇子的覬覦與陷害，使政局動盪，無有寧日。因此，父皇對前來問安的四阿哥隱瞞他就是繼位人的眞相，等到他身後才宣布，以免有無法預料的變數發生，打亂父皇的算盤，這也不算不合事理。

前面十四弟提到了四哥「改詔篡位」，還有「毒殺」父皇兩種說法，這都是老掉牙的謠言了，我本不想提，不過還是說一下，以免說我默認。傳位詔書是滿、漢文並列，改得了漢文，改得了滿文嗎？況且按照我朝習慣，皇子都稱爲「皇某子」，改成「傳位皇于四子」，文意不通，騙得了誰？

至於「毒殺」之說，更是荒謬。父皇深通醫理，他曾說過，「南人最好服藥、服參，北人於參不合。」諸皇子謀求太子之位，鬧得正凶時，他又說「朕未卜今日被鴆（毒），明日遇害」，這表示父皇警覺性是很高的，如何能毒殺他！

正方一問：剛才十四弟提到，父皇任命你爲撫遠大將軍王，是對你的賞識、器重。我倒是認爲這是八哥、九哥等人在替你製造聲勢，鼓吹「出外統兵的皇子，就必定是皇位繼承人選」這種說法。我想請問你的是，康熙六十年十一月你回京述職，隔年四月陛辭，返回西寧前線，如果父皇真的屬意由你繼位，爲何不留你在京師，還要遣你回去？如果你真是聖心默定的繼位人，爲何在這段時間裡，父皇毫無暗示？

反方一答：套一句十三哥剛才的話，父皇很可能想要將傳位與我的決定，保留到他大去時才宣布，只不過被四哥身邊的黨羽阻截罷了。所以，在我返京述職期間，皇上沒有任何暗示，對我來說，既是一種保護，同時，也代表當時他的身體，並未惡化到迫切的程度。

從小我們都在宮中，聽師傅們講授四書五經，春秋時，晉獻公寵愛驪姬，想以其所生的奚齊爲公子，原公子申生留在晉國，結果被殺，另一位公子重耳出走在外，反而能保全性命，他後來回國即位，就是春秋五霸之一的晉文公。這樣的例子，不但我知道，相信四哥、十三哥你們也都曉得。所以爲了奪位，四哥才會暗中運作，以其門人年羹堯擔任陝甘總督，扼住了我的歸路和糧道。

至於傳位詔書的問題，當然，若要同時修改滿、漢遺詔，是不可能辦到的事情，但如果是隱匿原詔，另外炮製、捏造一份呢？並非作不出來吧。現在大家都已經知道，父皇駕崩之後，四哥拿出來的所謂傳位詔書，相當匆促，錯字不少，而且只有滿文本，漢文本遲至四日之後，方才宣布。是否原詔被藏匿，或者根本沒有遺詔？因此我的懷疑，是非常有必要的。

反方二問：我要請問十三哥兩個問題：其一，你在康熙三十七年封固山貝子，原來極受父皇寵愛，但是康熙四十八年初廢太子時，父皇同時也下令逮捕你，從此你便一蹶不振。四哥一登基，立刻就晉封你爲和碩怡親王，世襲罔替。請問你在當時，是否如後世某些人所云，爲四哥頂罪？

再者，步軍統領隆科多，僅一外臣，怎麼能在皇上駕崩時隨侍在旁？他又怎麼有資格，擔任傳位遺詔的宣布人？這是否是四哥和你的黨羽，把持暢春園的結果？

正方二答：我之失愛於父皇，史料隱晦，無可置辯，但是，當時同時遭受父皇拘執的，並不獨我一人，還有大哥胤禔、三哥胤祉、八哥胤禩；而且我雖被逮捕，後來即行開釋，至於說我遭到十年圈禁的，純屬小說家的創作。如果說我被逮捕是因替四哥頂罪，以父皇的英明，怎麼會長期看不出來？四哥在康熙四十八年太子復立後，晉封和碩雍親王，如果他曾有對父皇忤逆之舉，或指使我爲他頂罪，又怎麼能獲得父皇封親王爵位？

至於隆科多以外臣身分，何能擔任宣詔之人，這必定是父皇的綢繆安排。世人多半認爲隆科多是四阿哥一黨，但是這樣想，實在太低估父皇於諸子爭奪嫡位時的角色了。佟氏一門，原先和十四弟一樣，都支持八阿哥胤禩，父皇在晚年突然提拔、重用原屬「八爺黨」的隆科多，實爲高明之舉。四哥登基後，曾經寫給年羹堯朱批，當中說：「舅舅隆科多，此人朕於爾先前不但不深知他，眞正大錯了。此人眞聖祖皇帝忠臣，朕之功臣，國家良臣，眞正當代第一超群拔類之稀有大臣也。」這句話裡透露出：第一，四哥在登基前，與隆科多並不熟悉；第二，隆科多忠實的奉行父皇的遺命，讓四哥順利繼位，所以才是「聖祖皇帝忠臣，朕之功臣」。以上更能證實，父皇心中選定繼位的人選，就是四哥胤禛。

正方二問：十四弟口口聲聲說自己是父皇眞正欲傳位之人，然而遺詔所傳爲四阿哥，聖祖實錄當中也無任何隻字片語，可供佐證。方才提到弘曆入宮，父皇於康熙六十一年攜弘曆到避暑山莊旁四哥的園子裡，三代同堂，和穆融洽，父皇還連稱弘曆生母紐祜錄氏爲

「有福之人」。根據統計，康熙年間，父皇造訪四哥府邸與莊園，達十一次之多。十四弟可曾有過？反觀康熙四十八年你不顧父皇盛怒，竟與之頂撞，爲胤禩求情，弄得皇上拔佩刀要誅殺你，這能稱爲孝順之舉嗎？

反方二答：虧十三哥還能有此一問！我在康熙年間，與八、九哥過從甚密是實，爲兄長求情，也是情理之常；如果之後父皇不賞識我，則我何能擔任主帥出兵西藏？太子被廢後，十三哥和四哥，還有年羹堯、隆科多，難道就沒有暗中結黨，謀取帝位？雍正四哥即位之後，對我等絲毫不顧兄弟之情，痛加整肅，八哥、九哥都被囚禁，還遭改名，只因我與他是同母所生，他才不敢對我下手，請問如此，是否還有半點兄弟情分？

雍正登基之後，大肆刪修先帝實錄，我料定父皇對我的讚語，幾乎都被刪個精光。但是在我出兵西藏時，皇上下旨，稱「大將軍王是我皇子，確係良將，帶領大軍，深知有帶兵才能，故命掌生殺重任，爾等或軍務，或巨細事項，均應謹遵大將軍王指示，如能誠意奮勉，即與我當面訓示無異。」這難道不是最好的證據、最佳的肯定？

至於父皇造訪皇子園林，我能舉出他應三哥胤祉之邀，到其花園更多達十八次！這難道能證明父皇屬意三哥繼位嗎？

請兩位依開場時的相反順序，開始最後結辯。十四爺，您先請。

反方：現在，我要爲各位讀者點明一個情況，這最可能是當日的實情。父皇在二廢太子之後，對於各皇子的才幹，考察多年，終於作出決定：由我繼位，八哥、九哥與我素來交好，肯定是助力；而考慮四阿哥與我係同母所生，必不致反彈，能以年長親王身分輔佐我，推行政務，並且使新皇不受原先八爺黨人的掣肘。而我在西邊軍事上的表現，更使得父皇放心。

康熙六十一年初冬，父皇將此意透露給四哥知道。四哥佯裝認同，卻私下加緊動作，在外由年羹堯對我嚴加防備，對內則以隆科多帶兵封鎖暢春園與外界聯繫。十一月，父皇龍體欠安，四哥與其黨人認爲時機成熟，便一舉發動奪位政變。十三日，四哥突然由齋所來到暢春園，無論是否他下手毒殺父皇，當時已無旁人得見。同理，無論父皇遺詔傳位爲誰，或甚至根本無遺詔，四哥與隆科多倉促之中，便捏造一份，聲稱先皇遺命，傳位與他，一切就大功告成。所以，若父皇事前有任何籌畫安排，四阿哥才是那忤逆違背之人！他如此狠辣心計，更足以證明父皇當初派我統兵在外，實在爲保全我的慈愛之舉。

請各位仔細想想上面我所說的是否可能，而十三哥是奪位勝利者的鐵桿成員，他們事後已將眞相刪改，無從查考，他們所說的言詞理由，各位更加不可相信，謝謝！

正方：八阿哥胤禩、九阿哥胤禟，乃至十四阿哥胤禵，他們在康熙年間就已結爲一黨，先是坑陷原太子胤礽，圖謀推舉八哥取而代之，等到父皇痛斥八哥，將其奪爵，又改推十四弟出面，討父皇的歡心。其實他們眞正目的，都是要保持其朋黨利益，而這於我大清國運，有損無益。待到先帝將大位傳給四阿哥，他們便心懷怨忿，肆行誣衊，編造各種謠言謗語，抹黑四哥，方才十四弟說的，就屬於其中一種。

然而他們這些欺世謊言裡，卻有一點遺漏，那就是父皇康熙，怎可能會是容易受欺瞞之主！他們口口聲聲說四阿哥有種種陰謀布置，殊不知，以先帝的聖聰睿斷，如果四哥與隆科多私下有勾結，怎能瞞過他的眼睛！康熙五十六年時，先帝曾說：「朕將所行之事，所存之心，具書寫封固，……，立儲大事，朕豈忘耶？」因此，父皇實行祕密建儲之法，而選定有兵權的隆科多擔任宣遺命之人，應可確信無疑。

最後，我要闡明一點，那就是皇四子胤禛的性格，最適合推行新政，革除康熙晚年的若干積弊。先帝對此，似有暗示。關於繼位者，他曾降旨：「朕萬年後，必擇一堅固可托之人與爾等作主，必令爾等傾心悅服，斷不至貽累於諸臣也。」我們看雍親王胤禛的堅毅性格，以及他繼位之後的表現，都能證明父皇康熙的眼光，著實聖明正確。謝謝。

感謝十三爺、十四爺的精彩辯論，您倆請回吧，從哪裡來，回哪裡去。相信各位讀者從以上的言詞交鋒當中，更接近康熙駕崩當日的歷史眞相了。而根據以上的各項說法，我

雍正皇帝：他一生都在與「康熙傳位之謎」糾纏，終其一生也無法擺脫。

們爲大家整理，一共有以下四種可能性：

第一，「改詔篡位」說：康熙本欲傳位給十四阿哥胤禵，皇四子胤禛勾結步軍統領隆科多，篡改遺詔，登基爲帝。

第二，「無詔奪位」說：康熙突然逝世，未指定傳位人，皇四子胤禛勾結步軍統領隆科多，登基爲帝。

第三，「康熙傳位」說：康熙兩廢太子之後，默默考察諸皇子品行才幹，選定皇四子胤禛繼位，承緒大統。

第四，「康熙妥協」說：康熙本欲傳位皇十四子胤禵，然而病情突然惡化，健康情形急轉直下，爲避免政局在身後發生動盪，將皇位傳給近在身邊的次佳選擇，也就是四阿哥胤禛。

四種說法，四種可能，各有所本，各有漏洞。究竟眞相如何，是受命接位，還是改詔篡位？誰言之成理，誰漏洞百出？有請英明的讀者，考慮康熙的行事作風，自行作出判斷吧！新皇帝四阿哥胤禛這時正忙得團團轉，我們就不去打擾他了。接下來要交代的，是一代雄主康熙的最後時日。

尾聲／附錄

尾聲

康熙六十一年（一七二二年）十一月十三日，北京暢春園清溪書屋。

這是一個漫天落雪的日子。鉛塊般厚重的烏雲緩緩移動，刮起陣陣刺骨冷風，吹得細雪漫天翻舞，侍衛、宮人個個面龐低垂，弓背控腰，好像被巨大的壓力，逼迫得喘不過氣來似的。

是的。康熙皇帝聖躬違和，病情似乎已到了最後階段了。

這一年，玄燁雖然仍去熱河木蘭舉行秋獮，但已無法騎馬，必須乘坐四人抬的肩輿。回京師後又勉強打起精神，到南苑狩獵，再度受風寒而罹患感冒，轉爲重症，且引起併發症，因而住進暢春園療養。

此時此刻，本書的主人翁愛新覺羅．玄燁，虛弱無力的躺在御床上，生命已到了盡頭。暢春園太監已經受命，緊急分頭前往通知各皇子前來，包括要代替他前往南郊祭天而先行齋戒的雍親王胤禛，他嚴厲斥責過的皇八子貝勒胤禩，以及被他罷斥摒棄多年的皇十三子胤祥。他有沒有下旨，緊急召回皇十四子、大將軍王胤禵？我們不得而知。我們確實知道的，是步軍統領、理藩院尚書隆科多，此時就在他的身邊。

天花。孫嬤嬤。曹寅。蘇麻喇姑。祖母太皇太后。父皇順治。康親王傑書。四大輔臣。鰲拜。蘇克薩哈。遏必隆。索尼。索額圖。明珠。赫舍里氏。胤礽。三藩。吳三桂。吳應熊。王輔臣。圖海。勒爾錦。趙良棟。姚啓聖。施琅。台灣。鄭經。鄭克塽。李光地。靳輔。黃河。束堤攻沙。陳夢雷。郭琇。南書房。徐乾學。高士奇。于成龍。張鵬翮。南巡。江寧織造署。揚州。《全唐詩》。《明史稿》。《康熙字典》。《古今圖書集成》。博學鴻詞。幾何算術。準噶爾。噶爾丹。御駕親征。費揚古。漠北。昭莫多。尼布楚。熱河避暑山莊。王登聯。圈地。湯斌。永不加賦。內務府。佟國維。西藏。千叟宴。弘曆。胤祉。胤禩。胤禔。胤祥。胤禵。胤禛。

「今朕年屆七旬，在位六十一年，實賴天地宗社之默佑，非朕涼德之所致也。歷觀史冊，自黃帝甲子，迄今四千三百五十餘年，共三百一帝。如朕在位之久者甚少。朕臨御至二十年時，不敢逆料至三十年，三十年時，不敢逆料至四十年，今已六十一年矣！」

這一生，足夠了。今年是康熙六十一年，今天是十一月十三日，雖然繼承大統之人究竟是誰，謎團還沒有解開，愛新覺羅・玄燁的生命與康熙王朝，到今天就將宣告結束。

傍晚戌刻，康熙皇帝駕崩於暢春園清溪書屋，享年六十九歲。

至於評價，至於功過，就留與後人去說。

《清史稿・聖祖本紀》：「早承大業，勤政愛民。經文緯武，寰宇一統。雖曰守成，實同開創焉！」

清史學者陳捷先教授：「年號康熙的玄燁，在他即位之初，實在乏善可陳，而且他的憑藉也不多。可是他卻以智慧與膽識，在日後的人生旅途中，克服了很多困難，完成了很多任務，使他在文治與武功方面有極好的表現，他個人的學養與行事上也有令人稱道的地方，他也就因爲這些而建立了特殊的歷史地位。」①

清史學者閻崇年教授：「康熙帝在位六十一年，是中國兩千年皇朝歷史上執政時間最長的君主。康熙帝的主要三大貢獻是：奠定中國版圖，協和民族關係，傳承中華文化。他的主要三個缺憾是：八旗制度未能徹底改革，文化差異未能深入彌合，學習西學未能形成國策。但是，這些缺憾有其歷史、民族、文化、地理的局限，不可苛責。」「在中國皇朝史上，康熙大帝，功德兼隆，（秦）始皇以來，未之有也！」②

通俗歷史作家鄧榮棟：「所謂的康乾盛世，從大處看很大，從小處看很假，玄燁，你很優秀，但皇帝只是歷史的奴隸，你沒有盛世，中國已經落伍。」③

最後，是本書作者：作爲皇帝，康熙是中國帝制傳統裡出現的頂級人物；作爲人，愛新覺羅・玄燁不是什麼天縱英才，也沒有特殊的天賦與能力，他和三百多年後的我們，沒有什麼不同：同樣有各種缺陷，也同樣努力克服缺陷。

正因平凡，所以傑出；正因犯過錯誤，正因同樣也有失敗挫折，所以他的一生，他的時代，得以見其偉大。

① 陳捷先，《康熙寫真》，頁247。
② 閻崇年，《康熙大帝》，頁473。
③ 鄧榮棟，《挑燈看清朝·康熙卷》，頁261。

〈附錄〉康熙朝成年皇子表①

命名（按出生順序）	出生年（康熙紀元）	康熙朝時受封爵位（括號裡數字爲受封年分）	備註
胤禔	十一年	皇長子，多羅直郡王（37）	明珠外侄孫。康熙四十八年削爵
胤礽	十三年	皇次子，嫡長子，皇太子（14）	索額圖外孫。康熙四十八、五十一年兩度廢黜
胤祉	十六年	皇三子，多羅誠郡王（37），貝勒（38），和碩誠親王（48）	雍正八年革爵幽禁
胤禛	十七年	皇四子，貝勒（37），和碩雍親王（48）	雍正皇帝
胤祺	十八年	皇五子，貝勒（37），和碩恒親王（48）	
胤祐	十九年	皇七子，貝勒（37），多羅淳郡王（48）	雍正時晉封淳親王

胤禩	二十年	皇八子，多羅貝勒（37，48）	雍正時晉封廉親王，後遭廢黜奪爵
胤禟	二十二年	皇九子，固山貝子（48）	
胤䄉	二十二年	皇十子，多羅敦郡王（48）	過必隆外孫
胤祹	二十四年	皇十二子，固山貝子（48）	
胤祥	二十五年	皇十三子，固山貝子（37）	雍正時封怡親王
胤禵	二十七年	皇十四子，固山貝子（48），撫遠大將軍王（57）。	乾隆時封恂郡王
胤禑	三十二年	皇十五子。	
胤祿	三十四年	皇十六子。	雍正時封莊親王
胤禮	三十六年	皇十七子。	雍正時封果親王
胤禕	四十五年	皇二十子。	雍正時封貝勒

① 康熙有二十四位兒子，本表僅列入康熙朝時成年、參與政治活動的十六位，幾位雖已序齒（排入兄弟排行順序），然而未成年即夭折的皇子（如皇六子胤祚、皇十八子胤祄等）不列入。

〈附錄〉康熙王朝走勢圖

順治十一（一六五四）年	0	玄燁出生，世祖第三子，三月初八（五月四日）生於紫禁城景仁宮
順治十八（一六六一）年	7	正月初七（二月五日），順治皇帝駕崩於紫禁城養心殿；第三子玄燁繼位，明年改元康熙；索尼、鰲拜、蘇克薩哈、遏必隆四顧命大臣輔政
康熙元（一六六二）年	8	五月初八（六月二十三日），鄭成功病逝於台灣東都承天府（今台南市）赤嵌樓
康熙二（一六六三）年	9	「明史案」、「江南欠稅案」發
康熙四（一六六五）年	12	立索尼孫女赫舍里氏爲皇后
康熙六（一六六七）年	14	於太和殿正式登基，輔政四大臣「歸政」皇上；圈地換地風波，鰲拜殺蘇克薩哈
康熙八（一六六九）年	16	五月，逮捕鰲拜，眞正親政
康熙十二（一六七三）年	20	八月，下詔撤吳三桂等三藩，十一月吳三桂反，三藩之亂起；「朱三太子」楊起隆於北京起事，建元廣德

康熙十四（一六七五）年	22	十一月，立孝誠皇后赫舍里氏子胤礽爲皇太子。
康熙十五（一六七六）年	23	陝西王輔臣、福建耿精忠先後投降
康熙十六（一六七七）年	24	以靳輔爲河道總督，整治黃、淮兩河水患。
康熙十七（一六七八）年	25	正月，開「博學鴻儒」科，徵召史學名家，開始修纂《明史》；八月，吳三桂死於衡州。
康熙二十（一六八一）年	28	一月，鄭經於台灣去世；八月，清軍攻入昆明，三藩之亂徹底平定
康熙二十二（一六八三）年	30	清鄭澎湖海戰，鄭克塽歸降，施琅收台灣。
康熙二十三（一六八四）年	31	三月，以其弟驕縱不法爲由，罷索額圖議政大臣職。九月，第一次南巡，沿途視察河工、親祭明孝陵。
康熙二十四（一六八五）年	32	命黑龍江將軍薩布素圍攻俄羅斯人擅築的雅克薩城。
康熙二十六（一六八七）年	34	十二月，孝莊太皇太后崩逝。
康熙二十七（一六八八）年	35	遣索額圖和俄羅斯談判邊界，隔年訂立《尼布楚條約》；明珠遭郭琇彈劾罷職。同年靳輔遭免職。
康熙二十九（一六九〇）年	37	親征噶爾丹，因病返駕，由裕親王福全繼續進擊，烏蘭布通之戰擊退噶爾丹。

康熙三十五（一六九六）年	43	二月，第二次親征噶爾丹，取得昭莫多大捷。隔年第三次親征，中途知噶爾丹已死而返。
康熙三十九（一七〇〇）年	47	改任張鵬翮爲河道總督。
康熙四十一（一七〇二）年	49	三月，《明史》初稿成，詔命交內閣細看。之後重修。
康熙四十二（一七〇三）年	50	十月，索額圖遭拘禁，後來因圖謀政變，擁立太子登基，而遭囚禁。議政大臣佟國維以老乞休。同年，熱河避暑山莊開始興建。
康熙四十四（一七〇五）年	52	第五次南巡，途中於惠濟祠視察黃河工程。
康熙四十五（一七〇六）年	53	十月，在康熙支持下，《全唐詩》刻印完成。同年《古今圖書集成》初稿亦告完成。
康熙四十七（一七〇八）年	55	九月，廢黜皇太子胤礽；十一月，囚禁皇長子胤禔。
康熙四十八（一七〇九）年	56	復立胤礽爲太子，同時封年長諸子爲親王、郡王、貝勒、貝子等。
康熙五十（一七一一）年	58	十月，文字獄《南山集》案爆發。
康熙五十一（一七一二）年	59	二月，頒布「嗣後滋生人丁，永不加賦」詔令，丁稅成爲定額；九月三十日，再次廢黜皇太子，囚胤礽於咸安宮，宣布嗣後不再立太子。
康熙五十三（一七一四）年	61	合樂理、算術、曆法的《律曆淵源》完成。

康熙五十五（一七一六）年	63	頒行《康熙字典》。
康熙五十七（一七一八）年	65	正月，以皇十四子胤禵爲大將軍王，進兵西藏。
康熙六十（一七二一）年	68	正月，於紫禁城慶祝登基一甲子；五月，朱一貴於台灣起事；十一月，胤禵回京述職。
康熙六十一（一七二二）年	69	三月，命於宮中養育弘曆；十一月十三日，病逝於北京暢春園清溪書屋，臨終時帝位交替過程至今成謎。皇四子胤禛稱奉詔即位，明年改元雍正。
雍正元（一七二三）年	—	二月，雍正上康熙諡號爲「聖祖仁皇帝」；九月，葬康熙靈柩於景陵。

參考書目

《聖祖仁皇帝實錄》（北京：中華書局，一九八五年）
《康熙起居注》（北京：中華書局，一九八三年）
《清史稿校註》（台北：國防研究院，民國七十八年）
《明史》（北京：中華書局點校本，一九八四年）
魏源，《聖武記》（北京：中華書局，一九八四年）
蕭一山，《清代通史》（台北：台灣商務印書館，民國九十三年）
江日昇，《台灣外記》（台灣文獻叢刊第六種，民國五十五年）
王御風，《圖解台灣史》（台中：好讀出版，民國九十九年）
高陽，《柏台故事》（台北：皇冠出版事業，民國七十二年）
白晉（Joachim Bouvet）（著），馬緒祥（譯），《康熙帝傳》（北京：中華書局，一九八〇年）
閻崇年，《康熙大帝》（台北：聯經出版事業，民國九十八年）
陳捷先，《康熙寫眞》（台北：遠流出版事業，民國九十九年）

楊珍，《康熙皇帝一家》（台北：遠流出版事業，民國八十八年）
蔣兆成、王日根，《康熙傳》（北京：人民出版社，一九九八）
杜家驥，《清皇族與國政關係研究》（台北：五南圖書，民國八十七年）
劉家駒，《儒家思想與康熙大帝》（台北：學生書局，民國九十一年）
鄧榮棟，《挑燈看清朝・康熙卷》（台北：大地出版社，民國九十九年）
馮爾康，《雍正傳》（台北：台灣商務印書館，民國八十四年）
岳南，《曠世絕響》（台北：時報文化出版，民國一百年）
黃典權，《鄭成功史事研究》（台北：台灣商務印書館，民國八十五年）
史景遷（Jonnathan Spence）（著）溫洽溢（譯），《康熙：一個中國君主的自畫像》（台北：時報文化，民國九十四年）
吳秀良（Silas H. L. Wu）（著），張震久等（譯），《康熙朝儲位鬥爭記實》（北京：中國社會科學出版社，一九八九年）
金庸，《碧血劍》附〈袁崇煥評傳〉（台北：遠流出版事業，民國八十六年）
魏斐德（Frederic Wakeman, Jr.）（著），廖彥博（譯），《大清帝國的衰亡》（台北：時報文化，民國一百年）
Mark C. Elliott（歐立德），Emperor Qianlong: Son of Heaven, Man of the World（New York: Pearson-Longman, 2009）

國家圖書館出版品預行編目資料

時代之子康熙：聖君的道路，他都自己鋪好了！/
廖彥博著 . -- 二版 . -- 臺中市 : 好讀 , 2020.01
面；　公分 . -- (人物誌)

ISBN 978-986-178-509-7（平裝）

1. 清聖祖 2. 傳記

627.2　　108021856

好讀出版

人物誌 30

時代之子康熙：聖君的道路，他都自己鋪好了！

作　者／廖彥博
總 編 輯／鄧茵茵
文字編輯／莊銘桓、簡綺淇
行銷企劃／劉恩綺
發行所／好讀出版有限公司
臺中市 407 西屯區工業 30 路 1 號
臺中市 407 西屯區何厝里 19 鄰大有街 13 號（編輯部）
TEL:04-23157795 FAX:04-23144188 http://howdo.morningstar.com.tw
（如對本書編輯或內容有意見，請來電或上網告訴我們）
法律顧問 陳思成律師

總經銷／知己圖書股份有限公司
106 臺北市大安區辛亥路一段 30 號 9 樓
TEL：02-23672044 23672047 FAX：02-23635741
407 臺中市西屯區工業 30 路 1 號 1 樓
TEL：04-23595819 FAX：04-23595493
E-mail：service@morningstar.com.tw
網路書店 http://www.morningstar.com.tw
讀者專線：04-23595819 # 230
郵政劃撥：15060393（知己圖書股份有限公司）

初版／西元 2012 年 5 月 15 日
二版／西元 2020 年 1 月 15 日
定價／270 元

Published by How-Do Publishing Co., Ltd.
2020 Printed in Taiwan

ISBN 978-986-178-509-7

讀者回函

只要寄回本回函，就能不定時收到晨星出版集團最新電子報及相關優惠活動訊息，並有機會參加抽獎，獲得贈書。因此有電子信箱的讀者，千萬別吝於寫上你的信箱地址

書名：愛新覺羅．玄燁

姓名：＿＿＿＿＿＿＿＿ 性別：□男 □女 生日：＿＿年＿＿月＿＿日

教育程度：＿＿＿＿＿＿＿＿＿＿＿＿

職業：□學生 □教師 □一般職員 □企業主管

□家庭主婦 □自由業 □醫護 □軍警 □其他＿＿＿＿＿＿＿＿＿＿

電子郵件信箱（e-mail）：＿＿＿＿＿＿＿＿＿＿＿＿ 電話：＿＿＿＿＿＿＿＿

聯絡地址：□□□＿＿＿＿＿＿＿＿＿＿＿＿＿＿＿＿＿＿＿＿＿

你怎麼發現這本書的？

□書店 □網路書店（哪一個？）＿＿＿＿＿＿＿＿ □朋友推薦 □學校選書

□報章雜誌報導 □其他＿＿＿＿＿＿＿＿＿＿＿＿＿＿＿＿＿＿

買這本書的原因是：＿＿＿＿＿＿＿＿＿＿＿＿＿＿＿＿＿＿＿＿

□內容題材深得我心 □價格便宜 □封面與內頁設計很優 □其他＿＿＿＿＿＿

你對這本書還有其他意見麼？請通通告訴我們：

＿＿＿＿＿＿＿＿＿＿＿＿＿＿＿＿＿＿＿＿＿＿＿＿＿＿＿＿＿＿＿＿

你買過幾本好讀的書？（不包括現在這一本）

□沒買過 □ 1 ～ 5 本 □ 6 ～ 10 本 □ 11 ～ 20 本 □太多了

你希望能如何得到更多好讀的出版訊息？

□常寄電子報 □網站常常更新 □常在報章雜誌上看到好讀新書消息

□我有更棒的想法＿＿＿＿＿＿＿＿＿＿＿＿＿＿＿＿＿＿＿＿＿＿＿

最後請推薦五個閱讀同好的姓名與 E-mail，讓他們也能收到好讀的近期書訊：

1.＿＿＿＿＿＿＿＿＿＿＿＿＿＿＿＿＿＿＿＿＿＿＿＿＿＿＿＿＿＿

2.＿＿＿＿＿＿＿＿＿＿＿＿＿＿＿＿＿＿＿＿＿＿＿＿＿＿＿＿＿＿

3.＿＿＿＿＿＿＿＿＿＿＿＿＿＿＿＿＿＿＿＿＿＿＿＿＿＿＿＿＿＿

4.＿＿＿＿＿＿＿＿＿＿＿＿＿＿＿＿＿＿＿＿＿＿＿＿＿＿＿＿＿＿

5.＿＿＿＿＿＿＿＿＿＿＿＿＿＿＿＿＿＿＿＿＿＿＿＿＿＿＿＿＿＿

我們確實接收到你對好讀的心意了，再次感謝你抽空填寫這份回函

請有空時上網或來信與我們交換意見，好讀出版有限公司編輯部同仁感謝你！

好讀的部落格：http://howdo.morningstar.com.tw/

請填妥後對折黏貼，直接投郵即可，無須貼郵票。

廣告回函
台灣中區郵政管理局
登記證第 3877 號
免貼郵票

好讀出版有限公司　編輯部收

407 台中市西屯區何厝里大有街 13 號

電話：04-23157795-6　傳真：04-23144188

沿虛線對折

購買好讀出版書籍的方法：

一、先請你上晨星網路書店http://www.morningstar.com.tw檢索書目或直接在網上購買

二、以郵政劃撥購書：帳號15060393 戶名：知己圖書股份有限公司並在通信欄中註明你想買的書名與數量

三、大量訂購者可直接以客服專線洽詢，有專人爲您服務：

客服專線：04-23595819轉230 傳真：04-23597123

四、客服信箱：service@morningstar.com.tw